NZZ **LIBRO**

Riet Grass

# Das Glück des Scheiterns

## Karriere- und Krisenmanagement im 21. Jahrhundert

Verlag Neue Zürcher Zeitung

Bibliografische Information der Deutschen Nationalbibliothek

Die Deutsche Nationalbibliothek verzeichnet diese Publikation in der Deutschen Nationalbibliografie; detaillierte bibliografische Daten sind im Internet über http://dnb.d-nb.de abrufbar.

© 2016 Riet Grass und Verlag Neue Zürcher Zeitung, Zürich

Herausgeber: Riet Grass, Pontresina und Stäfa
Konzept und Redaktion: Steven Schneider, Bad Zurzach
Gestaltung und Satz: CreaOcchio, Bad Zurzach
Druck: Somedia, Chur
Einband: Buchbinderei Burkhardt, Mönchaltdorf

Dieses Werk ist urheberrechtlich geschützt. Die dadurch begründeten Rechte, insbesondere die der Übersetzung, des Nachdrucks, des Vortrags, der Entnahme von Abbildungen und Tabellen, der Funksendung, der Mikroverfilmung oder der Vervielfältigung auf anderen Wegen und der Speicherung in Datenverarbeitungsanlagen, bleiben, auch bei nur auszugsweiser Verwertung, vorbehalten. Eine Vervielfältigung dieses Werkes oder von Teilen dieses Werkes ist auch im Einzelfall nur in den Grenzen der gesetzlichen Bestimmungen des Urheberrechtsgesetzes in der jeweils geltenden Fassung zulässig. Sie ist grundsätzlich vergütungspflichtig. Zuwiderhandlungen unterliegen den Strafbestimmungen des Urheberrechts.

ISBN 978-3-03810-161-1

www.nzz-libro.ch
NZZ Libro ist ein Imprint der Neuen Zürcher Zeitung

## Das Leben ist bunt ...

... und deshalb ist auch dieses Buch nicht grau. Der in diesem sechsstufigen Prozess vorgeschlagene Weg, aus dem Scheitern ein grosses Glück zu machen, wird durch Farben begleitet. Ich habe in meiner Praxis als Outplacement-Berater viele psychologische Tests eingesetzt, darunter auch den Lüscher-Farbtest, der 1947 von Max Lüscher entwickelt wurde. Seine Interpretationen der Farben hinsichtlich der menschlichen Psyche decken sich mit vielen meiner Ideen, Vorstellungen und Erfahrungen und kennzeichnen als Leitfarbe die verschiedenen Kapitel. Was die Farben gemäss Max Lüscher bedeuten, lesen Sie stets zu Beginn eines Kapitels.

Riet Grass, Jahrgang 1949, wurde als Bauernbub im Engadin geboren. Nachdem er als Personalchef gezwungen war, über 1000 Leute zu entlassen, bevor er selber entlassen wurde, machte er sich 47-jährig sehr erfolgreich selbständig: Innert weniger Jahre wurde er in der Schweiz zur Nummer 1 im Outplacement für Führungskräfte und begleitete Tausende von Managern in der Krise. Seine gesammelten Erfahrungen vereinen sich in diesem Buch – und sind nicht nur für Führungskräfte in der Wirtschaft wertvoll, sondern für alle, die ein Fünfstern-Leben anstreben.

# Inhalt

**Das Leben ist bunt** — 5
Das Lüscher-Farbkonzept als Struktur dieses Buches und als Struktur des sechsstufigen Prozesses, der zu Glück und Erfolg im Beruf führt.

**Die Bekenntnisse eines Enthusiasten** — 10

### Kapitel 1

**REFLEXION** — 12
... oder wie Sie Ihrem wahren **POTENZIAL** auf die Spur kommen.

Wer scheitert, schämt sich. Falsch! Wer scheitert, erhält vom Leben nur einen Hinweis darauf, dass er etwas ändern muss. Wer nach einer Krise reflektiert und wer sein bisheriges Berufsleben spiegelt, findet heraus, was er wirklich kann.

Kandidatenprotokoll: Die Lebenslektion des Hans K. — 23
Kandidatenprotokoll: Der Turnaround des Josef A. — 29
Übung: Reflektieren Sie mal! — 39

### Kapitel 2

**VISION** — 40
... oder warum Sie Ihrem Leben eine **PERSPEKTIVE** geben müssen.

Jede Reise beginnt mit dem ersten Schritt. Um den neuen Weg einzuschlagen, müssen Sie aber über sich hinausdenken. Geheime Leidenschaften, grosse Träume, verrückte Pläne: Alles ist möglich. Ihre Vision zeigt Ihnen, wohin der erste Schritt führt.

Kandidatenprotokoll: Der einfache Salto des Jörg B. — 51
Kandidatenprotokoll: Der doppelte Salto des Joseph F. — 57
Übung: Können Sie visionär sein? — 61

### Kapitel 3

**PRÄSENTATION** — 62
... oder warum Sie Ihre **PERSÖNLICHKEIT** sichtbar machen und selbst zur Marke werden müssen.

Wenn Sie sich zeigen, müssen Sie wissen, wie Sie auf andere wirken möchten: nämlich professionell, authentisch und direkt. Ganz nebenbei sind Sie durch eine glänzende Präsentation gezwungen, sich über Ihre Werte, Fähigkeiten und Fertigkeiten klar zu werden.

Kandidatenprotokoll: Der zweifache Punktsieg des Meinrad H. — 73
Kandidatenprotokoll: Der Umweg des Alberto S. ins Depot — 77
Übung: Was repräsentieren Sie? — 81

| | | | |
|---|---|---|---|
| Kapitel 4 | | **MOTIVATION** | **82** |
| | | ... oder wie Sie Ihrem Leben durch Fokussierung die nötige **POWER** verschaffen. | |

**Volle Konzentration auf die eigenen Stärken! Versetzen Sie sich in Situationen, die Sie als Sieger zeigen. Erträumen Sie sich Ihre Erfolge. Nur wenn Sie Ihre Kräfte sammeln, bringen Sie die Durchschlagskraft mit, um nachhaltig Erfolg zu haben.**

| | |
|---|---|
| Kandidatenprotokoll: Heiner Ts. Flucht ins Glück | 93 |
| Kandidatenprotokoll: Wie sich Kilian L. beinahe selber «outplaced» hat | 97 |
| Übung: Vom Müssen zum Wollen | 105 |

| | | | |
|---|---|---|---|
| Kapitel 5 | | **REALISATION** | **106** |
| | | ... oder wie Sie Ihre **PERFORMANCE** erfolgreich steigern. | |

**Machen macht glücklich – sofern Ihr Ziel richtig gewählt ist. Nehmen Sie sich Zeit, um realistische Vorgaben zu formulieren und strengen Sie sich mächtig an, damit das einzig befriedigende Ergebnis herausschaut: nachhaltiger Erfolg.**

| | |
|---|---|
| Kandidatenprotokoll: Samuel Ms. Mut zur Umsetzung | 117 |
| Kandidatenprotokoll: Der tiefe Fall des Wolfgang S. | 121 |
| Übung: Sind Sie leistungsfähig? | 129 |

| | | | |
|---|---|---|---|
| Kapitel 6 | | **KONKLUSION** | **130** |
| | | ... oder warum **PASSION** der Schlüssel zum Glück ist. | |

**Oberste Maxime: Lieben Sie so stark Sie können! Ihre Familie, Ihre Arbeit, Ihr Leben. Das können Sie, wenn Sie sich mit einer Welt umgeben, die Sie lieben wollen und können. Arbeiten Sie an allen Fronten an Ihrer Lebenskompetenz – und werden Sie nachhaltig glücklich.**

| | |
|---|---|
| Kandidatenprotokoll: Felix Ms doppeltes Glück dank halbem Lohn | 145 |
| Kandidatenprotokoll: Der Ab- und Aufbruch der Rita R. | 155 |
| Übung: Das erarbeitete Glück … | 161 |

### Anhang

| | |
|---|---|
| Literaturnachweis | 162 |
| Bildnachweis | 163 |
| Dank | 164 |

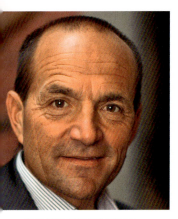

Gian Gilli: «Wer hohe Berge erklimmen will, muss auch Täler durchschreiten.»

## Die Bekenntnisse eines Enthusiasten

Dieses Buch ist genau so aussergewöhnlich und individuell, wie es Riet Grass ist. Schon bei unserer ersten Begegnung, die einige Jahre zurückliegt, hat er mich als Coach und Mensch beeindruckt. Er erinnert mich an ein Kraftwerk, und von Beginn weg spürte ich Energie, Passion und einen unerschöpflichen Enthusiasmus für Höchstleistung.

Eine Spitzenleistung hat Riet Grass denn auch beruflich vollbracht: Von Null auf hat er seine Firma in 17 Jahren zur Nummer eins in der Outplacement-Branche aufgebaut. Ende 2014 trat er altershalber von seinem Amt als VR-Präsident der Grass & Partner AG zurück. Der Rücktritt war abrupt, keine halbe Sache, typisch Riet Grass.

Das Ende seiner Führungstätigkeit als Chef und Unternehmer eröffnet ihm neue Tätigkeitsfelder. Er hat mehr Zeit für sich und seine Familie, er kann sich nun öfter in der Natur und in seinen geliebten Bergen bewegen. Hier findet er die Inspiration für die Entwicklung neuer Ideen und Projekte. Zum Beispiel für dieses Buch über Karriere- und Krisenmanagement. Darin kombiniert er fachliches Wissen mit seiner Erfahrung im Coaching von über tausend Managern. Riet Grass zeigt auf, wie die von ihm betreuten Kandidatinnen und Kandidaten durch das Scheitern zu neuem Glück gefunden haben.

Krisen und Niederlagen sind stets hart zu akzeptieren. Wer aber hohe Berge erklimmen will, muss auch Täler durchschreiten. Die Niederlage, eine Krankheit oder Verletzung oder das unerwartete, abrupte Karriereende gehören zwingend zum Entwicklungsprozess grosser Persönlichkeiten.

In meinem Tätigkeitsbereich, dem Sport, habe ich viele Persönlichkeiten erlebt, die nach krassen Misserfolgen und schweren Verletzungen stärker denn je zurückkehrten und grosse Siege feierten. Das bedingt einen intensiven Aufarbeitungsprozess, der auf einer ehrlichen, schonungslosen Analyse beruht. Die daraus folgende Ausrichtung der Strategie machen dann den Erfolg, das Glück oder im Sport eben Medaillen wieder möglich.

Genauso ist auch im Berufsleben das «Liegenbleiben» nach einer Krise keine Option. Ein intaktes Selbstbewusstsein führt zur Eigenverantwortung für Training und Fleiss und zur Bereitschaft, Veränderungen positiv aufzunehmen. Deshalb sind Krisen auch immer Chancen.

Riet Grass, der selber das Scheitern kennengelernt und angenommen hat, hinterlässt mit seinen Bekenntnissen in diesem Buch ein sympathisches, sehr persönliches Vermächtnis, das berührt und für das eigene Leben eine Leitlinie sein kann. Was mich am meisten fasziniert: Der Prozess in sechs Stufen, wie er in diesem Buch aufgezeigt wird, ist für alle Lebensbereiche gültig, nicht nur in der Geschäftswelt.

Ich hoffe, dass Sie bei der Lektüre dieses lebendigen Buches ebenso viel Kraft schöpfen, wie ich es konnte. Denn Riet Grass macht in diesem Buch das, was er an seinem Beruf als Outplacementberater am meisten liebte: anderen Menschen neue, gangbare Wege zu ihrem persönlichen Glück aufzeigen.

Gian Gilli, Risch ZG
www.gian-gilli.com

# REFLEXION

… oder wie Sie Ihrem wahren POTENZIAL
auf die Spur kommen.

**Konzentration,
Analyse,
Pflichtbewusstsein**

Blau ist die Farbe der Ruhe und
Erholung, der Stille und Treue,
der Tiefe und Schwere sowie
der Hingabe und der Geistigkeit.

Waren Sie schon einmal im God da Tamangur?
In diesem symbolträchtigen Arvenwald zwischen
S-charl im Unterengadin und Valchava im Münstertal?
Ja? Fantastisch, nicht wahr? Oder gehören Sie
zu jenen, die vor lauter Arbeit nicht dazu kommen,
in die Natur zu gehen und dort aufzutanken?
Nun, das wäre schade. Kommen Sie mit, ich bringe
Sie zu einem Ort, der das Thema dieses Kapitels,
die Reflexion, auf eindrückliche Weise spiegelt.

Wir starten in Scuol, fahren mit dem Postauto in vierzig Minuten über enge Kurven am Rande des Nationalparks in den kleinen Ort S-charl. Autos müssen vor dem Dorf parken, das Postauto darf bis auf den gekiesten Dorfplatz fahren, in dessen Mitte ein grosser, schöner Holzbrunnen steht. Prächtige weiss getünchte Häuser mit Holzläden begrenzen den Platz, dahinter beginnt gleich die Natur.

S-charl ist nur im Sommer bewohnt, einige ganz wenige harren auch während des Winters aus. Das Leben hier ist rau, und es kann selbst im Sommer Frost geben. Und dennoch ist das ein magischer Ort, ein aus der Zeit gefallener, idyllischer Platz, wo man zur Ruhe kommt und wo die Relationen einer Welt, die sich immer schneller zu drehen scheint, zurechtgerückt werden.

Vom Dorfplatz her führt der Weg am Crusch Alba vorbei, das wir später noch eingehender besuchen werden, hinaus und hinauf ans Talende. Stetig sanft ansteigend geht es zum höchstgelegenen Arvenwald Europas, Il God da Tamangur. Fast wäre dieser vor 100 Jahren zugrunde gegangen. Er starb langsam vor sich hin, so wie die rätoromanische Sprache, die für uns Engadiner heute so viel Identität bedeutet. Damals schrieb der Unterengadiner Dichter Peider Lansel ein Gedicht, in dem er den sterbenden Wald mit dem sterbenden Rumantsch verglich:

*Al veider god, chi pac a pac gnit sdrüt*
*Sumeglia zuond eir nos liguach prüvà,*
*chi dal vast territori d'üna jà*
*in usché strets cunfins uoss'es ardüt.*
*Scha'ls Rumansch nu fan tuots il dovair lur,*
*jaraj'a man cun el, sco Tamangur.*

*Dem alten Wald, der nach und nach zerfällt,*
*gleicht sehr unsere liebe Sprache,*
*die aus dem einstigen, weiten Raum*
*in die heutigen, engsten Grenzen zurückgedrängt ist.*
*Wenn die Rumantschen nicht alle ihre Pflicht tun,*
*wird es mit ihr aus sein, wie mit Tamangur.*

So lautet die erste Strophe des Gedichts. Wer alle Strophen kennenlernen will: Im Crusch Alba kann man das Gedicht samt deutscher Übersetzung auf herb duftendem Arvenholz nachlesen.

Dickes Mauerwerk und viel Arvenholz: das Crusch Alba in S-charl.

**Schritte zum Erfolg 1:**

**Alles, was Sie zu denken vermögen, ist möglich!**

**Setzen Sie sich Ziele, die Ihrer Persönlichkeitsstruktur entsprechen und die mit Ihren ethischen Grundsätzen vereinbar sind.**

Seit dem lyrischen Appell von Peider Lansel ist Il God da Tamangur mehr als nur ein gewöhnlicher Arvenwald. Er ist ein Symbol für die Identität der Rätoromanen. Ein Symbol für Überlebenswillen und Stärke. Wenn wir Engadiner in diesen Wald gehen, gehen wir zu uns selber.

## Was zu tun war, wurde getan

Es gibt keine Zufälle im Leben. In der Vorbereitung auf diese Wanderungen fiel mir plötzlich ein, dass ich diesen Weg schon als Bub oft gegangen war. Allerdings mit anderen Vorzeichen. Bis zu meinem 18. Altersjahr musste ich meinem Vater helfen, Hunderte von Rindern aus dem Unterland auf die gepachteten Alpen zu treiben. Wir holten am Bahnhof von Scuol in aller Herrgottsfrühe die Rinder ab, die am Vorabend in Güterwagen aus den Kantonen Zürich oder Glarus geladen und in der Nacht herangefahren worden waren. Wir trieben sie durchs Dorf hinunter auf die gegenüberliegende Talseite, wo der Weg nach S-charl begann. Alles in allem dauerte dieser Alpaufzug mehrere Stunden. Stunden, in denen vieles andere blockiert war: 150 Rinder auf einem schmalen Strässchen, das ist schon eine Menge, und wenn einer mit dem Auto durch wollte, musste er mindestens eine Stunde warten.

Nach vier Stunden waren wir in S-charl, dem ersten Etappenziel. Dort gab es die «Marenda», die Zwischenverpflegung, getrocknetes Fleisch, Käse, knuspriges Brot. Das hat mir gut gefallen. Das Treiben der Rinder hingegen weniger. Diese Aufgabe war ein Muss, über das ich mit meinem Vater nicht verhandeln konnte. Mit ihm, dem erfolgreichen Grossbauern und Geschäftsmann aus Zernez, konnte ich sowieso nie über Arbeit verhandeln. Was zu tun war, musste getan werden, so war das bei uns. Ich lernte das Arbeiten von klein auf.

Von S-charl her teilte sich die Rinderherde und ging in drei Seitentäler, auf die Alpen Tavrü, Sasvenna und Pradichöl. Dort übernahmen den Sommer über Hirten aus dem Südtirol die Aufsicht über das Vieh. Am darauffolgenden Samstag trieben wir wiederum 150 Rinder auf die Alpen, und später im Sommer bin ich mit meinem Vater die Hirten besuchen gegangen. Das gefiel mir ganz ausgezeichnet: Zeit in der Natur zu verbringen. Kraft zu tanken. Das war mir viel lieber als das Vieh, zu dem ich nie eine enge Beziehung aufbauen konnte. Das Vieh liess ich dann folglich auch hinter mir. Nicht zuletzt deshalb, weil ich einen älteren Bruder hatte und nach altem Recht er derjenige war, der den Hof weiterführen würde. So geschah es auch. Er blieb im Engadin, ich ging ins Unterland. Aber die Berge, sie blieben immer in meinem Herzen. Sie geben mir Energie. Bis heute.

In meinem Umfeld gibt es Leute, die sagen: «Was machst du? Du schreibst ein Buch für Manager! Wozu gehst du da in die Berge? Glaubst du, das interessiere irgend jemanden?» Ehrlich gesagt: Ja, ich glaube, das ist interessant. Und ich glaube auch, dass in der Natur die Kraft, die wir alle brauchen, überall herumliegt. Wir brauchen uns nur zu bücken und sie aufzunehmen. Ich bin überzeugt: *Wer den Weg zur Natur findet, findet den Weg zu sich selbst.* Denn wir sind Wesen der Natur. So einfach ist das.

«Allegra!»
«Allegra!», antworte ich.
Ich habe Einheimische passiert, die mit Holzarbeiten beschäftigt sind. Ist das nicht eine wunderbare Art, einander zu begrüssen? Allegra: Ich freue mich. Was für eine Begrüssung! Was für ein Versprechen! Freude! Ein kostenloses Lebenselixier, von dem man so viel trinken will, wie man möchte.

Bestens gelaunt setze ich meinen Weg fort. Ich wandere zwischen sattem Grün auf einem Fahrweg langsam, aber stetig nach oben. Weiter hinten im Tal kann man zum Ofenpass abzweigen, den man durch den Nationalpark erreicht, oder hinunter ins Münstertal hinabsteigen! So weit will ich freilich nicht gehen. Meine Absicht für dieses Kapitel über die Reflexion ist eine andere.

**Der sanfte Aufstieg zum God da Tamangur erfolgt entlang der Clemgia.**

Rechterhand fliesst ein wunderbares Flüsschen über die Steine in seinem Bett. Es führt durch die Wiese, die mit blauen, violetten und gelben Blumen durchsetzt ist. Es fliesst mühelos, und bestimmt kennen Sie die poetischen Beschreibungen, in denen es heisst, dass der Bach fröhlich und unbeschwert plätschere.

Ich gehe allerdings den umgekehrten Weg, den beschwerlicheren, ich steige an, was durchaus schön ist, durchwandere weiter oben den urtümlichen Tamangur-Wald – und dann wandere ich wieder zurück, abwärts. Mühelos, fröhlich und unbeschwert wird das sein. Es wird fliessen, wie es das Wasser tut. So ist es nämlich auch im wahren Leben: Begegnet man sich selbst, so wie es der Rätoromane im Tamangur erlebt, so wird alles auf einmal klar, wahr und einfacher. *Selbsterkenntnis, davon bin ich überzeugt, führt zum Lebenserfolg. Doch was ist Lebenserfolg?*

### Wenn es anders kommt

Ich hatte Karriere gemacht, mehrere Firmen und Betriebszweige kennengelernt. Ich durfte mit mir und meiner Leistung zufrieden sein. Ich entwickelte mich weiter, ich stieg stetig auf. Irgendwann bewarb ich mich als Personalchef bei einem sehr bekannten Schweizer Industrieunternehmen. 1500 Leute arbeiteten in dieser Unternehmung. Sie hatte einen guten Namen, und ich ging hin, um für das Personal verantwortlich zu sein. Ich wollte die Leute entwickeln, ich wollte meinen Teil zum weiteren Erfolg der Firma beitragen.

Doch es kam anders. Ganz anders. Die Unternehmung war alles andere als erfolgreich. Ihr wirtschaftliches Konzept war längst überholt. Jede Schraube wurde noch selbst hergestellt, egal ob sich das lohnte oder nicht. Eines Tages standen der CEO und der Vorsitzende des Verwaltungsrats vor mir, zwei berühmt-berüchtigte Sanierer. «Wissen Sie, Herr Grass», sagten sie zu mir, «wir müssen hier radikal vorgehen. Wie bei einem Krebsgeschwür, da muss man auch noch vom gesunden Fleisch wegschneiden, damit Heilung möglich wird.» Sie gaben mir den Auftrag, von den 1500 Angestellten vier Fünftel, also 1200 Menschen, zu entlassen. Was danach an Firmensubstanz übrig blieb, sollte zum bestmöglichen Preis verkauft werden.

Leute abzubauen war nicht gerade das, wofür ich zu dieser renommierten Firma gewechselt hatte, aber ich räume ein, dass ich die Notwendigkeit eines solch radikalen Abbaus nachvollziehen konnte. Zu lange schon schrieb die Firma Verluste, eine Wende war realistischerweise nicht zu erwarten.

Ich machte mich also an die Arbeit. Bei den ersten Entlassungen versuchte ich, den Angestellten durch ein Mini-Outplacement eine Starthilfe zu geben. Ich beriet sie, ich stattete sie mit Selbstvertrauen aus. Später aber fehlte erstens das Geld und zweitens die Zeit, um das bei allen anderen Entlassungen ebenfalls durchzuführen.

Eines Tages waren die Reifen meines Autos zerstochen. Einige Angestellte glaubten, ich hätte den Abbau höchstpersönlich angeordnet. Das war natürlich Blödsinn. Ich führte bloss aus. Dass dies nicht alle verstehen konnten, war mir jedoch klar. Andererseits: Diejenigen, denen ich eine Betreuung zuteil werden lassen konnte, solange ich dazu in der Lage war, waren mir sehr dankbar.

> Beherzigen Sie das:
>
> **Suchen Sie den Weg zur Natur, und Sie finden den Weg zu sich selbst!**

Natürlich wusste ich, dass es auch bei mir Veränderungen geben könnte, dass am Ende auch für mich kein Platz mehr in der Firma übrig bleiben könnte. Ich hatte meinen Job gut gemacht, zu keinerlei Klagen vonseiten des Vorgesetzten Anlass gegeben.

Doch als ich mit dem Abbau fertig war, musste ich feststellen, dass es noch in keiner Weise zu Ende war: Erneut kam der CEO auf mich zu und verlangte, dass ich bei den übriggebliebenen 300 Mitarbeitern nun zusätzlich 10 Prozent weniger Lohn und eine Woche weniger Ferien durchsetzte. Der CEO und der Präsident des Verwaltungsrates waren harte Hunde, die meinen Respekt hatten. Doch in diesem Punkt war ich entschlossen, nicht nachzugeben: «Herr Uster, wir haben auf 300 Leute reduziert. Die sind gut. Sie sind es, die diese Firma nun repräsentieren, auf ihnen ruhen alle Hoffnungen. Und nun sollen wir sie noch weiter beuteln? Nein, Herr Uster, es tut mir leid, aber das mache ich nicht.» Ich nehme an, dass er es nicht gewohnt war, Widerspruch zu erfahren. Mir war auch klar, dass meine Haltung in dieser Frage wohl nicht gerade förderlich war, um meine Position zu stärken.

Die Quittung kam recht viel schneller, als ich erwartet hatte.

Eines Tages beorderten CEO und Verwaltungsrat vier der fünf Management-Mitglieder in ihr Büro. Sie eröffneten uns unsentimental und deutlich, dass wir unsere Büros noch am gleichen Tag räumen könnten. «Schauen wir den Tatsachen doch ins Auge», meinten sie. «Diese Rumpffirma kann ja keine Herausforderung mehr für Sie sein, oder? So gute Kaderleute, wie Sie alle sind, werden Sie keinerlei Mühe haben, etwas Neues zu finden, etwas Besseres, etwas, was Ihren Fähigkeiten mehr entspricht und Ihnen wirklich Spass macht!»

Das war's. Das sass. Ich räumte mein Büro und ging nach Hause. Es war nun doch eine unerwartet schnell eingetretene Niederlage. Uster hatte Recht, das wusste ich. Schliesslich war ich in diese Firma eingetreten, um 1500 Leute zu betreuen. Davon war jetzt noch ein Fünftel übrig. Das konnte ja nicht das sein, was ich wollte, das war in der Tat keine grosse Herausforderung für mich. Ausserdem war ich zu teuer geworden. Mein Assistent wurde für die Hälfte des Honorars mein Nachfolger – und ich stand auf der Strasse. Als ich abends nach Hause kam, geknickt, das gebe ich zu, als frisch Entlassener ohne Perspektive vor meiner Frau stehend, da hatte ich nicht den Schimmer einer Ahnung, wie es weitergehen sollte.

Meine Frau jedoch reagierte so, wie ich es mir nur wünschen konnte. Sie nahm mich in den Arm und sagte: «Lass uns feiern gehen. Drei Monate lang haben wir ja noch dein Einkommen.» Wir sind tatsächlich in die Frieda-Bar etwas trinken gegangen. Meine Frau zeigte sich zuversichtlich, und sie meinte, dass ich bald eine Lösung finden würde.

In der Tat bekam ich einen Monat später ein Angebot eines guten Freundes. Er wollte, dass ich ihm beim Executive Search, bei der Suche von Führungskräften, behilflich sei. Allerdings nur auf Zeit und zur Hälfte meines bisherigen Gehalts. Ich nahm die Stelle umgehend an, da ich nicht arbeitslos werden wollte. Am nächsten Tag wurde der «Familienrat» einberufen. Ich eröffnete meiner Familie, dass wir bis auf Weiteres mit 50 Prozent des Einkommens leben müssten. Und dass unter diesen Umständen für das nächste Jahr keine Ausgaben für Nike-Turnschuhe, neue Velos und anderen Luxus möglich seien. Auch Ferien würden wir im Engadin bei meinen Eltern machen, da die gute Luft dort oben gratis wäre und das Leben bei den Eltern nicht viel mehr kosten würde.

Wir sind heute dankbar, dass wir als Familie diese Erfahrung machen durften. Wir haben gelernt zu verzichten und mit weniger auszukommen. Und ich muss sagen: Wir waren nicht unglücklicher. Für die Zukunft war das zentral für mich. Ich stellte fest, dass der Mensch zu vielem fähig ist, wenn er will. Und die Freiheit, die man durch diese Erkenntnis gewinnt, ist unbezahlbar.

### Einfache Fragen. Schwierige Antworten.

Vielleicht hatte ich ja mehr Glück als andere. Von meiner Frau kam kein Druck, das war eine grosse Entlastung. Ausserdem bin ich von Haus aus ein optimistischer Mensch mit grossem Tatendrang. Dennoch: Eine Entlassung ist schlimm. Und es war der Moment, den ich heute als einen der wichtigsten betrachte, wenn man in eine Krise rutscht:

Der Moment der Reflexion.

Ich habe in den 18 Jahren, während deren ich unzählige Führungspersönlichkeiten in genau dieser Situation begleitet habe, immer wieder festgestellt: Wer so etwas durchmacht, ist tief verletzt. Am Boden. Das Selbstwertgefühl ist erschüttert. Es regiert die pure Verzweiflung. Und oftmals auch Scham.

Dieser Moment der Reflexion ist der Moment der Standortbestimmung. Auch wenn man unendlich tief zu fallen scheint, so ist das natürlich nicht richtig. Doch wie realistisch sieht man die Dinge in einem solchen Augenblick? Nicht sehr. Deshalb ist die Standortbestimmung der erste Schritt, um den Absturz aufzuhalten.

Bei mir sah es so aus: Ich hatte Karriere gemacht, in verschiedenen Bereichen von Unternehmungen gearbeitet, vieles gesehen, vieles gelernt. Ich musste analysieren, was war, was ist und was vielleicht sein würde.

Es war der Moment der Wahrheit. Der bedingungslosen Wahrheit.

Es war der Augenblick, in dem ich mir Fragen stellen musste. Ganz einfache Fragen. Die Antworten sind nicht gleichermassen einfach. Oder wann haben Sie sich letztmals ernsthaft gefragt:
- Wo stehe ich?
- Wer bin ich?
- Was kann ich?
- Welches sind meine Werte?
- Welches sind meine Erfolge?
- Was biete ich?
- Wie trete ich auf?
- Was will ich?

Sie sehen: Das sind wohl einfache, aber gleich eine Menge Fragen. Vorerst interessieren uns vor allem die drei ersten: Wo stehe ich? Wer bin ich? Was kann ich? So einfach sich die Fragen stellen lassen, so schwierig kann es für gewisse Menschen sein, eine ehrliche Antwort darauf zu finden. Das Selbstbild muss schonungslos auf den Prüfstand.

## Selbstbild vs. Fremdbild

Sehr viele Manager, die in einer Krise zu mir kamen, hatten ein komplett falsches Selbstbild. Sie betrachteten sich als knallharte Führer, wo sie doch viel zu weich waren, um unpopuläre Entscheidungen durchzusetzen. Oder sie wähnten sich als grossartige Strategen, obschon sie kaum in der Lage waren, kreativ zu denken. Oder sie empfanden sich als präzise Kommunikatoren, obschon sie die einfachsten Dinge so verkomplizierten, dass sie nach fünf Schachtelsätzen neu ansetzen mussten – und trotzdem verstand sie kaum einer.

**PROTOKOLL**

# Die Lebenslektion des Hans K.

**Hans K. ist ein verkaufsbegabter, sehr auf sich bezogener Mitvierziger. Als Key Account Manager in der Industrie eilt er von Erfolg zu Erfolg. Doch nachdem er zum Verkaufsleiter befördert wird, bleibt dieser auf einmal aus.**

Hans K. war sehr betroffen. Er fragte sich immer wieder, was schief gelaufen war, konnte sich aber keinen Reim auf seine Entlassung machen. Ich fragte ihn, was seine Aufgabe gewesen sei. Seine Vorgesetzten hätten ihm, so die Antwort von Hans K., die Leitung der Verkaufs- und Marketingabteilung übertragen.

Nach und nach trat zum Vorschein, warum er gescheitert war: Hans K. erfüllte seine Aufgabe nicht richtig. Statt seine 23 Mitarbeiterinnen und Mitarbeiter zu führen, zu unterstützen, zu motivieren und weiterzuentwickeln, profilierte er sich lieber weiterhin als der beste aller Verkäufer. Das war genau das, was er bis anhin gewohnt war. Er wollte einfach allen ständig zeigen, was er konnte.

Die Standortbestimmung, die wir mit ihm durchführten, ergab, dass Hans K. ein extrem ehrgeiziger Mensch mit einem sehr schwachen Selbstwertgefühl war. Weiter stellte sich heraus, dass er über wenig Empathie verfügte und an fehlendem Durchsetzungsvermögen litt.

Hans K. hingegen sah sich in seiner eigenen Analyse als erfolgreiche Führungskraft mit einem starken Motivationsvermögen. Er war der Ansicht, seine Mitarbeitenden würden ihn sehr schätzen, weil er sogar als Verkaufsleiter noch immer die besten Umsatzzahlen generierte.

Das Fremd- und das Selbstbild klafften bei Hans K. also in auffälliger Weise auseinander. Dazu kam, dass seine ehemaligen Vorgesetzten noch weitere Details lieferten, die das Bild vervollständigten. Die Teammitglieder von Hans K. waren nämlich allesamt frustriert, weil sie ihren Chef den ganzen Tag am Telefon herumhängen sahen.

Sie hätten es lieber gehabt, wenn er sie unterstützt hätte bei ihrer anspruchsvollen Aufgabe. Stattdessen demonstrierte er ihnen, welch guter Verkäufer er war und wie viele Aufträge er selbst als Chef hereinholen konnte. Diese Verhaltensweise hatte nicht nur eine sehr negative Auswirkung auf die gesamte Leistung der demotivierten Verkaufsabteilung, sondern auf die ganze Unternehmung.

Als wir unseren Klienten mit den Ergebnissen der Fremdanalyse konfrontierten, reagierte er zunächst äusserst beleidigt und aggressiv. Als er sich beruhigt hatte, meinte er dankbar, dass ihm bislang niemand in dieser offenen, liebenswürdigen, aber gleichwohl konsequenten Art und Weise sein Dilemma mitgeteilt habe. Uns hat das nicht überrascht: Es kommt sehr oft vor, dass im Management den Führungskräften der Mut fehlt, einfach und klar die Wahrheit zu sagen.

Im weiteren Verlauf unserer Beratung haben wir dem Klienten empfohlen, sich wieder auf seine Stärken, Fähigkeiten und Talente in der Kundenberatung und in der Betreuung als Key Account Manager zu besinnen.

Allerdings zeigte er sich uneinsichtig und lehnte unsere Empfehlung ab.

Nach Abschluss eines Falles gaben wir in der Regel sechs Monate Garantie. Hans K. wurde aber bereits nach fünf Monaten an der neuen Arbeitsstelle als Verkaufsleiter erneut entlassen. Für uns kam es nicht überraschend, dass er schon wieder bei uns landete. Wir machten ihm klar, dass wir diesen Garantiefall allerdings nur unter der Bedingung annehmen würden, wenn er uns Folgendes verspräche: diesmal den richtigen, stimmigen, von uns empfohlenen Weg zu gehen, statt am imageorientierten, nach aussen gerichteten Verhalten festzuhalten.

Es dauerte nicht lange, bis er eine neue Lösung gefunden hatte. Diese neue Stelle macht ihn heute noch, nach fünf Jahren, glücklich, zufrieden und erfolgreich.

Hans K. ist ein Beispiel dafür, dass der Mensch manchmal mehrere Anläufe und Lebenslektionen braucht, bis er zur Wahrheit gelangt und das tut, wofür er geeignet ist, und seiner wahren inneren Berufung folgt.

Einige Manager in der Krise waren auch nicht in der Lage, ihre Grenzen zu erkennen. Gerade dies ist aber entscheidend. *Wer seine Grenzen nicht erkennt, nimmt an den falschen Rennen teil, an Rennen, für die er nicht geeignet ist.* Solche Menschen setzen die Latte stets zu hoch an, und egal, wie viel Anlauf sie nehmen, sie können sie einfach nicht überspringen. Anders gesagt: *Sie werden immer wieder scheitern.*

Es gab auch Manager, die einfach blockiert waren. Sie hatten Traumata aus der Kindheit, weil ihre Eltern ihnen zu viel oder zu selten Bestätigung geschenkt hatten und damit nachhaltig ein falsches Selbstbild schufen. Solche Leute schickte ich auch schon mal zum Kinesiologen, um die Blockaden zu lösen.

Ich könnte die Beschreibung der Manager, die zu mir kamen, noch viel detaillierter aufführen. Das Fazit kann ich Ihnen aber auch gleich so verraten: Viele Führungskräfte, denen ich begegnet bin, waren seelisch verkrüppelt. Gefangen in einem System, das nicht auf ihre wahren inneren Werte Rücksicht nahm. Sie waren frustriert. Und unzufrieden. Und damit auch undankbar für das, was sie bisher erhalten hatten. Wissen Sie, was unzufriedene Menschen bei mir als Erstes machen mussten? Eine Dankbarkeitsliste. *Dankbarkeit ist der Königsweg zum Glück.* Und das Gegenteil von Dankbarkeit ist Frustration. Und wer frustriert ist, hat Gleichgewichtsstörungen.

## Das gesunde Gleichgewicht

Ich habe das Dreiradmodell entwickelt, das entlarvend schnell aufzeigt, ob jemand im Gleichgewicht ist. Nehmen Sie ein Blatt Papier zur Hand und zeichnen Sie ein grosses Dreieck auf. Jede Ecke steht für einen wichtigen Lebensbereich. Eine Ecke für das «Ich», eine Ecke für die «Arbeit», eine Ecke für «Beziehungen». Nun zeichnen Sie an jeder Ecke einen Kreis in der Grösse, welcher der Bedeutung des betreffenden Lebensbereiches gerecht wird.

Gratulation, wenn die drei Kreise gleich gross sind! Stellen Sie sich vor, das Dreieck-Schema entspräche einem Dreirad. Dieses Dreirad würde sehr geschmeidig und problemlos fahren. Bei vielen meiner Kandidaten sah das Schema aber so aus: Der Kreis beim «ich» war winzig. Der Kreis bei der «Arbeit» hingegen überdimensional gross. Und der Kreis bei den «Beziehungen» mal so oder so, will heissen, mal etwas grösser als klein, mal

---

Beherzigen Sie das:

**Wenn Sie wollen, dass sich etwas ändert, müssen SIE es ändern!**

nur klein – aber immer noch umfangreicher als der Kreis beim «Ich». Ein solches Dreirad ist natürlich vollkommen schief unterwegs. Das Vorderrad, jenes beim «Ich», sollte den Weg weisen und führen! Doch wenn man sich drauf setzt, fällt man früher oder später runter. Denn da ist kein Gleichgewicht, keine Ausgewogenheit, nichts.

Lassen Sie es mich anders sagen: Viele der Tausende von Führungspersönlichkeiten, die ich begleiten durfte, kamen zu mir und gaben folgendes Bild ab:
- ein riesiger Kopf, vollgestopft mit Wissen und klugen Gedanken,
- ein Herz so gross wie eine Haselnuss
- und statt kräftiger Arme nur kleine Stummelhändchen knapp unter der Achsel.

Verstehen Sie, was ich meine? Gehen wir vom *Einklang von Herz, Hand und Kopf* bei einem Menschen aus – wovon ich absolut überzeugt bin, damit wir im inneren Gleichgewicht leben können –, so sieht das bei Managern oftmals ganz anders aus: Würden wir diese Persönlichkeitsstruktur aufzeichnen, so würde eine Karikatur mit Wasserkopf und Stummelrumpf herauskommen.

## Die Sackgasse

Sie können sich vorstellen, was geschieht, wenn eine Person, die überhaupt nicht mit sich selber im Gleichgewicht ist, unfreiwillig ihre hart erarbeitete Position verliert. Eine Person, die ihr Leben durch die Arbeit – oder, besser gesagt, durch das Prestige ihrer Arbeit und ihres Lohns – definierte. Diese Person verliert den Boden unter den Füssen. Das Selbstvertrauen, das nur auf Äusserlichkeit beruhte, ist auf einmal weg. Übrig bleibt ein Mensch, für den es nicht viele Perspektiven gibt. Übrig bleibt ein Mensch, der sein Leben damit zugebracht hat, sich um den nächsten Karriereschritt zu kümmern. Übrig bleibt ein Mensch, der immer versucht hat, so zu sein, wie ihn die anderen wollten und der nur deswegen so hart arbeitet, weil Fleiss, Wissen und Karriere sein Lebenselixier ist.

Und dann ist er plötzlich verloren. Alles, was einem solchen Menschen wichtig war, fehlt. Ihm war sein «Ich» nicht wichtig, ihm waren Beziehungen – solange sie nicht allein dem nächsten Karriereschritt dienten – nicht wichtig. Es wartet eine Sackgasse. Ein Zurück zu weniger Prestige und Geld scheint unmöglich, aber ebenso unmöglich ist es, am Ende dieser Sackgasse eine Tür zu finden, die hinausführt, oder eine Leiter, mit der man über die Mauer klettern kann.

Ganz offensichtlich sind viele Manager nicht in der Lage, sich selber zu helfen. Ihre Welt ist auf einmal düster. Mit Wissen allein schaffen sie es nicht. *Der Gedanke, gescheitert zu sein,* drängt sich unentwegt in das Leben, dieses furchtbare Wort: scheitern, dieses Unwort, diese grösstmögliche Niederlage auf den Spielfeldern der oberen Ligen. Was denken die Kollegen? Der Ehepartner? Die Freunde, sofern man diese nicht schon längst der Karriere geopfert hat? Was denkt man über sich selber?

Hier setzt meine Philosophie ein. Es ist nämlich genau diese Ausweglosigkeit, die zum Segen wird. *Der Wendepunkt.* Der Moment, wo das Scheitern zum Glück führen kann. Auch wenn es im Augenblick schwierig zu verstehen und zu ertragen ist, so sollten wir gerade dafür dankbar sein, dass es uns widerfährt. Wer keine Krisen erlebt, ist ein armer Tropf. Er erhält keine Gelegenheit, etwas zu lernen. Deshalb sage ich: *Scheitern ist ein Glück.*

## Wer bin ich?

In Gedanken wandern:
Der God da Tamangur kommt in Sichtweite.

Die Industriefirma brauchte mich also nicht mehr. Ich war aufgebrochen, die Welt zu erobern, aber da gab es gar keine Welt mehr, die man erobern konnte. Ich begann, mir Gedanken zu machen, was ich machen sollte. Vielleicht, nein, ganz sicher war es im Nachhinein kein Unglück, dass mich damals eine Entlassung ereilte. Zwar waren meine Buben noch klein, aber ich war nicht viel älter als vierzig, zählte mich noch nicht zum alten Eisen, wusste, dass ich schon etwas erreicht hatte. Nur wusste ich noch nicht so richtig, was ich als Nächstes wollte. Das, was ich dann später während zwei Jahrzehnten als Pionier auf höchstem Niveau anbot, ein sorgfältiges, sehr erfolgreiches Outplacement, das gab es damals eben noch nicht. Allerdings etwas Ähnliches. Eine eher oberflächliche, rasante Schnellhilfe für Führungskräfte, die auf die Strasse gestellt worden waren. Eines Tages erhielt ich nämlich einen Anruf von einem holländischen Berater, der sich zusammen mit seiner Frau um entlassene Führungskräfte kümmerte.

«Du hast doch Erfahrung damit, Leute zu entlassen», sagte er. Natürlich. 1200 Mitarbeiter zu entlassen, das war damals eine Herkulesarbeit.
«Das ist aber erst der Anfang», meinte er. «Es werden noch viele Entlassungen folgen, auch von Führungskräften, da bin ich mir sicher», fuhr

Schritte zum Erfolg 2:

**Nur wenn Sie fokussieren, haben Sie Durchschlagskraft!**

**Der Schnittpunkt zwischen Fachkompetenz, Persönlichkeit und Talent führt zur Fokussierung.**

er fort. Obschon sich damals das Karussell weit weniger schnell drehte und die Zeiten, als man in eine Firma eintrat, um ihr ein Leben lang zu dienen, noch kein Menschenalter zurücklagen, hatte er Recht.

«Komm zu mir», meinte er weiter. «Mit deinem Hintergrund bist du der richtige Mann. Du weisst, wie es Entlassenen ergeht, du hast Hunderte von ihnen begleitet. Und du weisst auch aus eigener Erfahrung, was das für einen selbst bedeutet. Steige bei mir ein, du wirst sehen, du wirst es nicht bereuen!»

Ich ging in mich. Berater? Zerstörte Psychen wieder aufbauen? Es war der Moment der Reflexion. Ich fragte mich: Wo stehe ich? Wer bin ich? Was kann ich? Damals konnte mir niemand anderer als ich selbst die Antworten geben.

Übrigens: Mittlerweile bin ich schön warmgelaufen. Und ich kann die Arven des Tamangurwaldes einige hundert Meter vor mir sehen, wie sie sich an den steilen Hang klammern. Allerdings weiss ich, dass ich für die Details, für die wunderschönen alten Stämme, die urtümlichen Formen, die von der Sonne in das Holz gebrannten Farben, noch viel näher hin muss. So ist das nun mal. Man muss weitergehen, um genauer hinzusehen.

Zurück zu meiner Entscheidung. Ich wäge ab: Sollte ich ein Risiko eingehen und etwas Neues beginnen? Oder stattdessen geduldig warten auf die nächste Kaderposition?

Heute weiss ich, dass ich damals genug Kraft hatte, mich für mich selbst zu entscheiden. Dass es mir möglich war, zu dem Riet Grass zu stehen, der authentisch und unkompliziert ist, der voller Energie steckt und der machen will, was für ihn stimmt – und nicht, was für andere passt. Ich erkannte: *Karrieremachen bedeutet immer, sich auch ein Stück weit anzupassen.* Das war bei mir nicht anders gewesen.

Aber jetzt sollte es anders werden.

Ich stieg als Berater in die Beratungsfirma ein. Vier Jahre arbeitete ich in diesem Unternehmen, das eine Vorstufe des professionellen Outplacements erfunden hatte. Mein Arbeitgeber hatte Recht gehabt: Es gab nicht nur viel zu tun, es gab sogar immer mehr zu tun: Firmen restrukturierten sich, Führungskräfte wurden von einem Tag auf den anderen arbeitslos.

Unser Geschäft brummte. Allerdings: Es war pure Massenabfertigung, was wir machten. Bis zu zwanzig Kandidaten empfing ich wöchentlich, ich hatte also kaum Zeit für das einzelne Schicksal. Das war überhaupt nicht, was ich wollte. Als unsere Firma schliesslich nach vier Jahren an einen amerikanischen Konzern verkauft wurde, war es deshalb wieder höchste Zeit für mich, sorgfältig zu reflektieren und mein Potenzial richtig abzuwägen.

## Was kann ich?

Als Personalchef hatte ich am meisten Freude daran, wenn ich den Entlassenen neuen Mut machen konnte, sie mit Zuversicht erfüllen durfte und, meist etwas später, die Bestätigung erhielt, dass ich ihnen damit sehr geholfen hatte. Während der vier Jahre als Berater stellte ich fest, dass ich mit meinem Enthusiasmus und der Bereitschaft, mich auf einen anderen Menschen einzulassen, viel Gutes bewirken konnte. In dieser Situation fiel mir auch ein, dass mein Vater stets den Eindruck hatte, ich könnte selber Unternehmer werden. Bislang hatte mich das nie gereizt. Ich war nicht sicher, ob ich das wirklich könnte. Vielleicht auch deswegen, weil mein Vater ein überaus talentierter Unternehmer war, sodass ich seinen langen Schatten fürchtete. Doch nun fielen mir seine Worte immer öfter ein. Zudem hatte ich mit den Jahren erkannt, dass ich alles andere als ein blinder Gefolgsmann war. Ich folgte nur jenen Führungsleuten, die mich überzeugen konnten, die in ihrer Arbeit die Besten waren. Sie verdienten meinen uneingeschränkten Respekt. Gegenüber anderen Führungskräften, die mich nicht in jedem Punkt überzeugten, war ich hingegen schon mal etwas aufmüpfig. Gemäss den Ansichten meines Vaters bedeutete dies, dass ich selber ein Alphatier war.

Als ich 47 Jahre alt wurde, war es deshalb soweit: Ich gründete mein eigenes Unternehmen, das zum Pionier wurde für professionelles Outplacement. Wir waren zu Beginn nur zu zweit, unterstützt von einer Teilzeitsekretärin. Als ich 17 Jahre später, zum Ende von 2013, meine Firma verkaufte – und noch ein Jahr als CEO amtete und meine Nachfolger ins Geschäft einführte –, hatte ich in der ganzen Schweiz Niederlassungen, 25 Mitarbeitende, machte einen Umsatz von über 7 Millionen Franken, verfügte über einen festen Kundenstamm und hatte Tausende von Kandidaten erfolgreich repositioniert. 99 Prozent der uns anvertrauten Persönlichkeiten konnten wir dabei helfen, aus ihrem Scheitern ein grosses Glück zu machen.

**PROTOKOLL**

# Der Turnaround des Josef A.

**Josef A., Ingenieur mit MBA, 54-jährig, arbeitet zeitlebens im gleichen Konzern, mehrere Jahre auch als Mitglied der Geschäftsleitung. Als ein neuer CEO an die Spitze kommt, bringt dieser einen Vertrauten mit. Josef A. muss gehen.**

Nach dem Studium begann Josef A. bei einem Finanzkonzern und legte eine rasante Karriere hin, die ihn zum Geschäftsbereichsleiter und Mitglied der Geschäftsleitung machte.

Nach dem Wechsel an die Konzernspitze war es aber aus mit der Karriere: Der neue CEO entschied sich für einen alten Vertrauten anstelle von Josef A.

Für ihn, der 23 Jahre im Unternehmen war, brach eine Welt zusammen, als ihm der CEO mitteilte: «Es tut mir leid. Aber ich habe festgestellt, dass wir vom Typ her nicht zusammenpassen.»

Es war entsetzlich demütigend für Josef A. Seine Familie und die Freunde verstanden ebenso wenig wie er, dass ein treuer, loyaler Mitarbeiter, der sich voll und ganz für die Firma eingesetzt hatte, einfach auf die Strasse gestellt wurde.

Nach dem Schock folgte eine Depression. Josef A. bekam Angst. Sein Selbstvertrauen fiel unter den Nullpunkt. Er redete sich ein, ein Komplettversager zu sein. Er machte sich zudem grösste Sorgen, wie er, der spät geheiratet hatte, die Ausbildung seiner fünf studierenden Kinder finanzieren sollte. Natürlich befürchtete er, dass er auch keine Stelle mehr finden würde, zumindest nicht auf dem gewohnten finanziellen Niveau, sodass er auch davon ausging, seine Villa am Zürichsee und das Ferienhaus in der Provence nicht halten zu können.

Dank unserer intensiven Betreuung konnte sich Josef A. langsam wieder stabilisieren. Er schöpfte Zuversicht, weil unsere Analyse ergab, dass er sowohl auf fachlicher als auch auf menschlicher und beziehungsmässiger Ebene viel zu bieten hatte. Sie ergab auch, dass seine vielseitigen und gut dokumentierten Ausbildungen, seine lange Erfahrung und die vielen Erfolge ihn durchaus attraktiv machten.

Auch die Ergebnisse des Assessments fielen grösstenteils positiv aus. Leichte Schwächen machten wir bei Josef A. nur beim Führen und Durchsetzen aus. Ausserdem stellten wir eine etwas komplexe und anspruchsvolle Denkweise fest, sowie einen Hang zum Perfektionismus.

Aspekte, die in der heutigen, auf kurzfristige Resultate ausgerichteten Zeit nicht unbedingt von Vorteil sind. Auch seine liebenswürdige Art, so stellten wir fest, war für ein hartes Durchgreifen in Krisensituationen nicht optimal.

Wir entschieden deshalb, für Josef A. den Fokus eher in Richtung Verwaltungsratsmandate als in Richtung Führungspositionen zu legen.

Josef A. aktivierte sein Netzwerk, das nicht nur gross, sondern auch qualitativ gut war. Auch hatte er nicht mehr solche Angst vor den Reaktionen seiner Umgebung. Ihm wurde klar, dass er nicht der Einzige auf dem Planeten war, dem das Schicksal widerfahren war, entlassen zu werden. Auch sein Umfeld war verständnisvoll und motivierend. «Der Entscheid, mich coachen zu lassen und herauszufinden welche Möglichkeiten in mir stecken, hat sich gelohnt», bilanzierte Josef A. damals.

Mit der Zeit kam auch er zum Schluss, dass er zuletzt gar nicht mehr im richtigen Beruf gewesen war. Die Freude am Führen und hinter den Mitarbeitenden mit der Peitsche her zu sein, war ihm schon länger vergangen. Dafür rückte das Interesse an strategischen und konzeptionellen Aufgaben in den Vordergrund.

Josef A. nutzte seine Arbeitspause und gönnte sich einen dreimonatigen Aufenthalt in Frankreich, wo er an der Uni die Landessprache besser lernte. Etwas, was ihm sogar zugute kam bei dem, was er nachher anging: Er begann, sich als Verwaltungsrat zu bewerben.

Heute hat Josef A. drei Verwaltungsratsmandate inne und ist damit sehr glücklich. Der Stress ist weg, stattdessen ist er erfüllt von begeistertem Engagement für seine Aufgaben: Im neuen Tätigkeitsfeld ist endlich sein konzeptionelles und strategisches Denken gefragt, hier kann er sein gutes Beziehungsnetz optimal nutzen.

Josef A. sagt heute, dass er durch die Krise viel lernen konnte: «Meine Persönlichkeit hat sich durch mein Scheitern letztlich positiv weiterentwickelt.»

> Beherzigen Sie das:
>
> **EKW!
> Seien Sie einfach,
> klar und wahr!**

Gut, in der Managersprache ist der Zusammenhang der Begriffe «Scheitern» und «Glück» vielleicht nicht so geläufig. Sagen wir es deshalb so: Wir haben es geschafft, unseren Kandidaten zu etwas Besserem zu verhelfen. «Besser» heisst in der Managerwelt in der Regel a) in eine bessere Position aufzusteigen und b) mehr zu verdienen. Das haben wir freilich nur für jenen Teil der Kandidaten erreicht, die auch tatsächlich dafür geeignet waren.

Für mich definiere ich «besser» aber anders: *Selbsterkenntnis führt zum Lebenserfolg.* Es gibt demnach nichts Besseres, als sich selber wahrhaft zu erkennen. Wer das Glück hat, seine Lebensaufgabe zu finden, ist erstens erfolgreich und zweitens zufrieden. Das hat nichts mit Prestige zu tun, das hat nichts mit Geld, oder sagen wir mal mit viel Geld, zu tun, sondern damit, dass man ganz einfach glücklicher ist.

Der Entscheid, in die Selbständigkeit zu wechseln, war, wie mir auch mein Körper auf eine besondere Art und Weise mitteilte, der richtige. Als Jugendlicher verpasste ich es, die Matura zu machen, weil ich stattdessen lieber das Jungsein zelebrierte. Mein grosser Traum, Jurist zu werden, platzte. Körperlich reagierte ich darauf, dass ich an Rheuma erkrankte. Ich versuchte in der Folge vieles, um diese schmerzhafte Krankheit zu heilen. Allein, ich hatte keinen Erfolg. Später verschwand die Erkrankung ohne jegliche medizinische Erklärung.

### Ich arbeite nicht!

Viele haben mich während der letzten 18 Jahre als Outplacement-Spezialisten gefragt, ob mich die viele Arbeit nicht zum Sklaven mache. Was für eine Frage! Meine Antwort war immer: Ich arbeite gar nicht! Ich mache, was ich am liebsten tue, ich habe ein riesiges Glück, das zu machen, was mir reine Freude ist: mich auf Menschen einlassen und ihnen helfen.

Nicht alle waren in der Lage, das zu verstehen. Es gibt nun mal Menschen, die sehen sich stets als Teil der Masse. Sie betrachten sich nicht als jemand, der anders sein könnte als andere, der sogar ganz und gar sich selbst sein könnte. Solche Menschen fragen sich nicht: Wann hatte ich Erfolg und Freude? Sie fragen sich nicht: Was kann ich besonders gut? Sie fragen sich nicht: Was macht mich glücklich? Sie fragen gar nichts, sie funktionieren nur und irgendwann merken sie, dass sie unzufrieden sind. Oder frustriert. Oder nicht im Gleichgewicht. Vielleicht merken sie, dass sie nie ihr Leben gelebt haben, sondern ein Leben, das andere von ihnen erwartet haben. Diese Menschen werden Mühe haben, ihr Glück zu finden. Sie weichen den schattigen Seiten des Lebens aus und verbringen stattdessen ihre Zeit in einer Scheinwelt, die mit ihnen selber nichts oder sehr wenig zu tun hat.

Andere haben zu mir gesagt: «Sie haben Glück. Sie sind von Natur aus ein Sonnenkind, ein Naturbursche, dem alles in die Wiege gelegt wurde, um mit grösster Begeisterung durch das Leben zu gehen.»

Diesen antwortete ich: «Sie können genauso viel wie ich. Sie können, wenn Sie wollen, genau so sein wie ich. Der Unterschied ist allein: Ich weiss, was ich kann – und das ist bei Weitem nicht alles – aber was ich kann, das mache ich mit grösster Überzeugung!» So viele Kandidaten, die mir gegenüber sassen, waren viel intelligenter als ich. Viel besser ausgebildet. Zu Grossem fähig. Und dennoch machten sie sich klein und schauten zu mir herauf, weil sie selber nicht wussten, was sie wirklich konnten.

Ein Pfiff. Lustig. Die Murmeltiere schauen mir zu, wie ich in den kurzen, aber satten Anstieg hinaufsteige, der auf mich wartet, bevor ich den Wald erreiche. Was für Wesen diese Murmeltiere sind! Gewöhnt an extreme Bedingungen, schlafen sie von Oktober bis März und weichen so dem Zeitraum aus, in dem sie wegen einer dicken Schneedecke vermutlich sowieso kein Futter finden würden. Auch eine Strategie. Die grössten Chancen, den Winterschlaf unbeschadet zu überstehen, haben übrigens jene Murmeltiere, die in grossen Gruppen überwintern. Die geringsten Chancen haben die jungen Familienverbände, die nur aus den Eltern und ihrem ersten Wurf bestehen.

Zurück zu meiner Aufgabe. Diese lautete, Manager und Führungskräfte in der Krise an einen Ort zu führen, wo sie in die Lage kamen, sich selber zu erkennen. Ich trat dabei stets als liebevoller, freundlicher Sparringpartner auf – aber auch mit einer gesunden Härte. Ich halte wenig von Tüdelei. Ich bin mit meinen Kandidaten immer auch dorthin gegangen, wo es wehtat. Zur Ursache. Sonst hätten sie sechs Monate später schon wieder vor mir gesessen. Das gab es natürlich auch, denn wenn sich jemand partout beratungsresistent zeigte und sich weiterhin falsch einschätzte, dann musste er den gleichen Fehler halt wiederholen. So ist das im Leben: Lernst du etwas richtig, musst du nicht nachsitzen. *Willst du etwas nicht lernen, ja, dann musst du eben nachsitzen.*

So einfach ist das.

Und glauben Sie mir: Das Leben ist einfach, viel einfacher, als viele glauben. Oder zu wissen glauben. Zu viel Wissen ist nämlich hinderlich. Zu viel Wissen macht die Dinge kompliziert und verschüttet, was eigentlich gut sichtbar vor einem liegt.

Also ist nicht das Wissen der Schlüssel zu einer nachhaltigen persönlichen Zukunft, sondern die Selbsterkenntnis. Und der nächste Schritt ist dann, danach zu leben. Authentisch zu werden. Sich selbst sein. Ein banales Beispiel gefällig? Ich mag die Schlagersängerin Helene Fischer. Ihre Musik erfreut mich. Dafür belächelt mich mein Umfeld. Na, und? Hingegen kenne ich einen Bekannten, der stets eine rechtsgerichtete Partei wählt – er hat mich aber gebeten, niemandem etwas davon zu sagen. Er schämt sich dafür. Er will nicht offen dazu stehen. Tja. Er tut mir leid.

## Kopf, Herz und Hand

Wie aber sieht nun der konkrete Weg zur Reflexion aus? Womöglich gibt es mehrere Wege, meiner aber, der erfolgreich ist, sieht so aus:

Ein Kandidat wird dreifach von aussen beurteilt:
- mittels eines graphologischen Gutachtens,
- mittels eines Persönlichkeitstestes und
- mittels des tiefenpsychologischen Wartegg-Tests.

Ich entwickelte zudem einen Fragebogen, in dem der Kandidat 36 Antworten zu seiner Person geben musste. Ferner verlangte ich, dass schriftliche Feedbacks aus dem Umfeld eingeholt werden mussten.

So konfrontiere ich den Kandidaten mit seinem Eigenbild und dem Fremdbild. Sie glauben nicht, wie weit diese beiden Bilder zuweilen auseinanderliegen können! Das Hinterfragen seiner selbst nimmt damit seinen Anfang. Ein Kandidat erlebt in der Regel mehrere tiefgreifende Aha-Erlebnisse im Prozess der Reflexion, er lernt sich zum Teil sogar völlig neu kennen.

1. Zunächst muss er seinem innersten Wohlbefinden nachgehen. Wie gesund sind Körper, Seele und Geist? Denn alles hängt zusammen. Das beantwortet die Frage: Wo stehe ich?

**Schritte zum Erfolg 3:**

**Gründen Sie die Marke «ICH»!**

**Legen Sie sich fest auf die drei Adjektive, die Sie als eigenständige, überzeugende und authentische Person beschreiben.**

2. Danach stellt sich die Frage nach den Beziehungen zu anderen Menschen. Gibt es diese? Wie sind diese? Sind sie ehrlich? Basieren sie auf Vertrauen? Das führt zur Antwort auf die Frage: Wie sieht mein Netzwerk aus?

3. Wie sieht es mit der Arbeit und der eigenen Leistungsfähigkeit aus? Ist jemand bereit, anzupacken? Denn ohne diese Bereitschaft ist nichts zu machen. Das ergibt die Antwort auf die Frage: Liebe ich meine Arbeit?

4. Wie steht es mit der materiellen Sicherheit? Auch die muss gewährleistet sein. Kein Mensch kann sich in Ruhe mit sich selber auseinandersetzen, wenn seine Kinder – übertrieben ausgedrückt – hungern müssen. Das beantwortet die Frage: Wie wichtig ist mir das Materielle?

5. Und schliesslich muss jeder auch ehrlich und wahrhaftig die Frage nach seinen eigenen Werten beantworten. Denn niemand wird auf die Dauer glücklich, der entgegen seinen Werten handelt oder zu handeln glauben muss. Also, wichtige Frage: Welches sind meine Werte?

Dieser Prozess in fünf Schritten geht bei den einen etwas schneller, bei anderen dauert er länger. Aber mit dieser Methode konnte ich nach Abschluss sechs Monate Garantie geben, dass der Kandidat sich in die richtige Richtung bewegte.

Das Allerbeste ist natürlich, diese Standortbestimmung nicht erst dann anzugehen, wenn alles schon zusammengebrochen ist. Wenn man nicht darauf wartet, dass der alte Arbeitgeber einem diesen Weg für die Neuorientierung vorschlägt und finanziert. Nein. Ich empfehle dringendst, jährlich und vorbeugend mehrere Tage für einen wertvollen Marschhalt einzuplanen.

Ich weiss, dass das nicht einfach ist, denn Manager haben keine Zeit, sie können oder wollen nicht aus dem Hamsterrad heraustreten, sie verpflichten sich dem kurzfristigen Erfolg, denn das führt zu jener Belohnung, die so vielen so wichtig ist: Geld und Prestige.

Die Notwendigkeit einer Standortbestimmung, einer tiefgehenden Reflexion, ist deshalb noch zu wenig verankert, weder bei den einzelnen Führungskräften noch in den Unternehmen. Leider werden sich auch in Zukunft Manager auf einmal vor vollendete Tatsachen gestellt sehen, wenn es heisst: «Es tut uns leid, Sie müssen weg, wir planen ohne Sie. Aber bestimmt werden Sie an einer anderen Stelle mehr gebraucht.»

Trennung findet immer dann statt, wenn Entwicklung nicht mehr möglich ist. Wer in der Lage ist, sein Scheitern unter diesem Aspekt zu sehen, braucht sich nur noch zu fragen, wie er sich nun unter neuen Vorzeichen entwickeln soll. Und auch das ist einfach zu beantworten: Der Erfolgreiche unterscheidet sich vom Erfolglosen durch drei kleine Wörter: *Er tut es.*

## Freie Entwicklung

Nach knapp eineinhalb Stunden ist es so weit. Ich stehe am Rand des God da Tamangur. Ein kleiner Pfad führt mitten hinein, auch mitten hinein in eine wundersame Welt. Alpenrosen und Heidelbeeren bedecken den Boden zwischen Bäumen, die wie Urtiere wirken und in alle möglichen Richtungen wachsen. Jeder Ast erzählt eine Geschichte, die knorrigen Stämme verlangen danach, angefasst zu werden. Dieser Wald darf sich frei entwickeln. Nichts wird gefällt, die abgestorbenen Bäume bieten Lebensraum. So entwickelt sich ein ungestörter Wald. Der Wald von Tamangur ist ganz und gar sich selbst.

Das war ja nicht immer so. Vor 100 Jahren war der Wald in einem erbärmlichen Zustand. Es gab kaum Verjüngung, das Gelände wurde durch die Alpbetriebe zu stark genutzt und durch das Vieh zu intensiv beweidet. Der Wald hatte schlechte Zukunftsaussichten. Doch dann kam Peider Lansel mit seinem Gedicht. Es war nicht nur Poesie, sondern auch Standortbestimmung. Lansel stellte die Analogie zwischen Natur und Mensch her. Und er wurde gehört. Die Rätoromanen besannen sich, der Wald wurde unter Schutz gestellt und genas.

In seinem Buch *Der Arvenwald von Tamangur* von 1939 beschreibt Domenic Feuerstein den Wald so: «Tamangur! Das pocht so weich und schmeichelnd, etwas fremd und zauberhaft an unsere Seele. Plötzlich singt und schwingt etwas in unserem Inneren, eine wundersame Sehnsucht nach Wald und Berg und Einsamkeit und Frieden.»

Schön, nicht wahr? Nur was echt und wahrhaftig ist, kann solche Gefühle auslösen. Und wer Frieden findet, ist doch schon fast am Ziel. Frieden in der Arbeit: Ist das nicht eine lohnenswerte Aussicht? Und betrachtet man die Arven des Tamangur, dann darf man sich ruhig einbilden, dass diese

---

Beherzigen Sie das:

**Nur wenn Sie sich selbst führen können, können Sie auch andere führen!**

ihren Frieden und ihren richtigen Platz gefunden haben: Arven sind Spezialisten für extreme Verhältnisse und ertragen kälteste Winter und kürzeste Vegetationszeiten. In Tamangur erreichen sie ihre höchsten Lagen bis zu sagenhaften 2400 Metern. Dass in einer solch rauen Umgebung das Wachstum sehr langsam vonstatten geht, können wir alle nachvollziehen. Dafür wird eine Arve schon mal über 700 Jahre alt.

### «Als ich zu verstehen begann …»

Ich bin auf dem Rückweg. Ich gebe zu: Vom Tamangur-Wald zieht es sich dann doch ein wenig länger zurück nach S-charl, als es mir beim Aufstieg schien. Nun geht es mit dem Flüsschen an der Seite leicht bergab, unterbrochen von kurzen Anstiegen. Der Wald hat mich tief beeindruckt, der Wunsch steigt in mir auf, in die Welt hinaus zu rufen: «Geht hin, schaut es euch an und findet heraus, was dieser Wald mit eurem Leben zu tun hat!»

Für die einen ist es vielleicht nach wie vor besser, tiefenpsychologische Tests zu lösen, um ihren Standort in der Welt zu finden. Anderen hilft es aber bestimmt genauso, der eigenen Identität besser auf die Spur zu kommen, wenn sie wie ich zu diesem Wald marschieren und über das Leben nachdenken.

Nachgedacht über sein Leben hat auch jemand, der andere über Jahrzehnte zum Lachen gebracht hat. Tief beeindruckt hat mich nämlich eine Rede von Charles Chaplin, die er 1959 zu seinem 70. Geburtstag hielt. Sie bringt in meisterhafter Kürze zum Ausdruck, was Selbsterkenntnis bedeutet und wie sie zum Glück führen kann. Ich zitiere ihn:

«Als ich mich selbst zu lieben begann, habe ich verstanden, dass ich immer und bei jeder Gelegenheit zur richtigen Zeit am richtigen Ort bin und dass alles, was geschieht, richtig ist – von da an konnte ich ruhig sein. Heute weiss ich: Das nennt man Vertrauen.

Als ich mich selbst zu lieben begann, konnte ich erkennen, dass emotionaler Schmerz und Leid nur Warnungen für mich sind, gegen meine eigene Wahrheit zu leben. Heute weiss ich: Das nennt man authentisch sein.

Als ich mich selbst zu lieben begann, habe ich aufgehört, mich meiner freien Zeit zu berauben, und ich habe aufgehört, weiter grandiose Projekte für die Zukunft zu entwerfen. Heute mache ich nur das, was mir Spass

Tamangur-Arve: «Nur was echt und wahrhaftig ist, kann Gefühle auslösen».

und Freude macht, was ich liebe und mein Herz zum Lachen bringt, auf meine eigene Art und Weise und in meinem Tempo. Heute weiss ich: Das nennt man Ehrlichkeit.

Als ich mich selbst zu lieben begann, habe ich mich von allem befreit, was nicht gesund für mich war, von Speisen, Menschen, Dingen, Situationen und von allem, das mich immer wieder hinunterzog, weg von mir selbst. Anfangs nannte ich das ‹gesunden Egoismus›, aber heute weiss ich, das ist Selbstliebe.»

Ich liebe diese Sätze von Chaplin, und deshalb lese ich sie immer wieder mal. Denn sie stecken voller Weisheit und Wahrheit.

## Lokale Identität

Geschafft! Ich bin wieder in S-charl. Und nach einer vollbrachten Leistung soll man sich belohnen. Ich setze mich in den wundervollen Garten des Crusch Alba, des Weissen Kreuzes, am Dorfausgang von S-charl. Es wird von Jon Duri Sutter geleitet, dem Sohn des Ehepaars, das schon hier lebte, als ich mit meinem Vater die Rinder auf die Alp trieb. Ich bestelle ein Bier, aber nicht irgendeines, sondern ein Bun Tschlin, eine Biera Engiadinaisa. Da habe ich aus purer Sympathie einige Aktien gezeichnet, da ich finde, dass man solche Kleinbrauereien unterstützen soll. Sie stärken die lokale Identität, keine Frage, und in diesem speziellen Fall schmeckt das Bier auch noch viel besser und viel mehr nach Engadin als irgendein anderes Gebräu von irgendwoher.

Mir gefällt das. Heute kehrt man in einigen Bereichen zurück zum Authentischen. Massenware schafft höchstens Identität bei solchen, die wie die Masse sein sollen. Lokale Produkte hingegen betonen das Individuelle. Und sie ermöglichen uns, anderes kennenzulernen. Deshalb gefällt mir auch die Speisekarte des Crusch Alba: Sie enthält eine kleine, aber feine Auswahl. Das weist auf frische Produkte hin. Und die Preise, so scheint mir, sind sehr fair. Ich entscheide mich für etwas Einfaches und bestelle ein Mailinterra in painch cun chaschöl e panzetta, eine Tamangurer Rösti mit Speck, Käse und Spiegelei.

Jon Duri setzt sich zu mir an den Tisch. Die Sommersaison hat eben begonnen, und er ist mit Vorbereitungsarbeiten rund ums Haus beschäftigt, aber jetzt macht er eine kleine Pause. Lachend erzählt er, dass er gerade

> Schritte zum Erfolg 4:
>
> **Sechs positive Haupteigenschaften entsprechen sechs positiven Handlungseigenschaften:**
>
> **Positive Selbsteinschätzung führt zu positiver Eigenenergie.**
>
> **Positive Vision führt zu positiver Zielumsetzung.**
>
> **Positive Selbsterkenntnis führt zu positiver Selbstdarstellung.**
>
> **Positive Selbsterwartung führt zu positiver Selbstmotivation.**
>
> **Positive Selbstkontrolle führt zu positiver Selbstdisziplin.**
>
> **Positive Selbstachtung führt zu positiver Selbstdimension.**

eine Hausräucherung habe durchführen lassen. Er sei zwar kein Esoteriker, aber schaden könne so etwas ja nie.

Ich erinnere mich an seine Eltern, an seinen Vater, der Bauer war und Wächter im angrenzenden Nationalpark, ein aktiver Mann und harter Arbeiter. Seine Mutter war eine liebevolle Seele, ebenso hart arbeitend, zuständig für die Wirtschaft. Jon Duri erzählt: «1967 kam die Elektrizität in unser Tal, das Postauto begann nach Fahrplan zu fahren. Wir mussten hier immer arbeiten, so war das halt, und wenn andere Buben an freien Nachmittagen in die Badeanstalt gehen durften, half ich hier auf dem Hof und in der Wirtschaft.»

Jetzt sind die Eltern tot. Die Asche des Vaters haben seine Kinder im Nationalpark verstreut, die Asche der Mutter liegt unter einer Arve im Garten. «Und jeden Morgen, wenn ich daran vorbeigehe, grüsse ich sie und wünsche ihr einen guten Tag», sagt Jon Duri lächelnd. Ich denke nach und antworte, dass das auch mir gefallen würde, wenn meine Asche in der Natur ausgestreut würde.

## Marschhalt – Auszeit

In diesem Jahr, einem schneearmen Winter, kam Jon Duri im März erstmals zum Haus und öffnete die Fensterläden. «Minus zehn Grad kalt ist es drinnen. So kann die Frühlingssonne dann langsam durch die Fenster das Haus etwas aufwärmen.» Ich höre zu und verstehe: Jon Duri ist ein ebenso harter Arbeiter wie sein Vater. Er ist morgens der erste und abends der letzte in seinem Gasthaus. «Hattest du nie Krisen?», frage ich ihn.

Er lächelt. «Oh, doch. Immer wieder. Ich weiss, wie wir Anfang der 1990er-Jahre aus- und umgebaut haben. Die Zinsen waren damals auf einem Höchststand. Wir kratzten dauernd jeden Franken zusammen, und wir arbeiteten noch härter. Das war nicht einfach.» Dann erzählt er weiter, dass auch die letzten Jahre nicht einfach gewesen seien, dass die Gäste immer mehr auf die Preise drücken wollten und gleichzeitig immer mehr verlangten. «Aber ich will gar nicht klagen. S-charl ist ein einmaliger Ort, ein wundervoller Ort. Die Kühe kommen fast bis ans Haus, und die Terrasse ist von ursprünglichster Natur umgeben. Nein, uns geht es gut!»

Dann führt er mich hinters Haus und zeigt mir seine neuste Investition: eine Jurte. Darin veranstaltet er Kulturanlässe und bietet Essen an. «Andere beklagen die Misere im Tourismus. Ich mache etwas dagegen», sagt Jon Duri. Zudem träume er davon, im Winter die Kulturanlässe in Scuol durchzuführen, und er lächelt beim Gedanken an etwas, was ihm grosse Freude bereiten würde. Ich lächle auch. Jon Duri ist jemand, der immer wieder einen Marschhalt einlegt. Der sich fragt, wo er steht und was er tun soll. Der in sich geht und herausfinden will, was ihm gefällt und was ihm gut tut. Er reflektiert.

So wie wir es alle tun sollten.

Nur so finden wir zu unseren Visionen.

Aber, halt, das gehört bereits ins zweite Kapitel.

**Jon Duri Sutter am Dorfbrunnen von S-charl: «Hattest du Krisen?»**

**ÜBUNG**

# Reflektieren Sie mal!

## Wie gut kennen Sie sich selber?

**Beantworten Sie folgende Fragen mit Ja/Nein:**

1. Weiss ich wirklich, was ich kann?
2. Bin ich sattelfest und auf dem neusten Stand in meinem Fach?
3. Weiss ich, wer ich bin?
4. Bin ich mir meiner Persönlichkeit bewusst?
5. Kann ich in drei Sätzen meine Fähigkeiten, Stärken, Besonderheiten ausdrücken?
6. Kenne ich meine Werte?
7. Weiss ich über meine Schwächen genau Bescheid?
8. Bin ich mir meiner Talente bewusst?
9. Habe ich mein Potenzial präzis identifiziert?
10. Kenne ich meine Marktattraktivität?
11. Weiss ich, wann und warum ich Bestleistungen erbringe?
12. Habe ich meine Erfolgsliste erstellt?

**Resultat:**
10 und mehr Ja: Sie wissen, wer Sie sind und was Sie können.
8 und 9 Ja: Beschäftigen Sie sich eingehender mit sich selber.
7 und weniger Ja: Suchen Sie sich jemanden, mit dem Sie an sich weiter arbeiten können.

---

## Haben Sie Ihren Traumjob gefunden?

**Beantworten Sie die folgenden zehn Fragen und vergeben Sie Punkte von 1 (stimmt überhaupt nicht) bis 5 (stimmt absolut):**

1) Sehe ich Sinn in meiner Arbeit?
2) Macht mir meine Arbeit Freude?
3) Kenne ich meine Stärken?
4) Kann ich meine Stärken in die Arbeit einbringen?
5) Kann ich zeigen, was ich kann?
6) Werden meine Leistungen anerkannt?
7) Könnte ich erfolgreicher sein?
8) Verläuft meine Karriere nach Plan?
9) Fühle ich mich wohl am Arbeitsplatz mit dem Team und meinen Vorgesetzten?
10) Sind meine Träume mit der jetzigen Aufgabe und Position verwirklicht?

**Resultat:**
45 bis 50 Punkte: Gratulation, Sie haben einen tollen Job, der Sie mit Glück erfüllt!
40 bis 44 Punkte: Sie haben den richtigen Job, es fehlt nur wenig für die Erfüllung.
35 bis 39 Punkte: Sie sind besser dran als viele andere. Dennoch: In welchen Bereichen können Sie optimieren?
30 bis 34 Punkte: Da ist noch viel Luft nach oben. Analysieren Sie: Was muss besser werden?
unter 30 Punkte: Sie verbringen zu viel Zeit mit arbeiten, dafür, dass Sie das offensichtlich nicht befriedigt.

# VISION

… oder warum Sie Ihrem Leben eine **PERSPEKTIVE** geben müssen.

**Entwicklung,
Kreativität,
Veränderung**

Gelb ist die Farbe des Denkens, der Empfindsamkeit, des Verstandes und Ideenreichtums, der Ideale, der Veränderung, des Wunsches nach Befreiung und der Glückserwartung.

Sie kennen doch den Muottas Muragl, nicht wahr? Vielleicht waren Sie schon oben. Und wenn nicht, dann kennen Sie bestimmt das Panorama, das man von der Bergstation geniessen kann: Die Bilder von der Oberengadiner Seenplatte sind weltberühmt – weil dieser Weitblick so wunderschön ist und auf so wundersame Weise glücklich macht. Ich will Sie einladen, mit mir zu neuen Horizonten aufzubrechen, Mut zur Vision zu entwickeln und das Leben in einem anderen Licht zu betrachten.

Wer Weitblick hat, entdeckt Wegweiser und kommt auf neue Ideen, Optionen und Perspektiven. Gehen Sie mit mir einig? Und manchmal beginnt man ganz unten. Wie hier, an der Talstation der Muottas-Muragl-Bahn. Wobei: Das ist relativ, denn der Einsteigeort befindet sich immerhin auf 1750 Metern über Meereshöhe. Wir beginnen also auf recht hohem Niveau, wie das im Hochtal Engadin nun mal überall der Fall ist.

## Muottas Muragl: die Vision von damals

Wenn wir heutzutage vorfreudig in eine Standseilbahn steigen, die uns bequem auf den Berg bringt, sollten wir trotzdem kurz innehalten. Wir könnten uns nämlich vergegenwärtigen, dass irgendein Mensch, der zu seinen Lebzeiten von einigen Leuten gewiss als Spinner oder Fantast bezeichnet wurde, am Beginn dieser Bergbahn stand.

Der Churer Ingenieur Wildberger sprach 1890 als Erster davon, Touristen mit einem Zug auf diesen Berg zu bringen. 14 Jahre musste der Gedanke reifen, dann konzipierte ein anderer Ingenieur das Projekt der ersten Engadiner Bergbahn mit 56 Prozent Neigung, die auf knapp 2200 Meter Höhe führte. Wiederum verging etwas Zeit, und im August 1907 fand schliesslich die Jungfernfahrt statt. Die Fahrt für die maximal 52 Personen kostete je 3 Franken – heute beträgt der Preis achtmal mehr. Damals aber waren 3 Franken sehr viel – nur die reichen Schweizer hatten elektrisches Licht in der Stube und kaum jemand ein Telefon, denn der grösste Teil der Bevölkerung war arm. Das vergessen wir heute nur allzu schnell. Es waren viele Visionäre notwendig, damit sich unser Land entwickelte und zu einem der erfolgreichsten Länder der Welt werden konnte.

Aber ich will hier nicht Geschichte, Politik und Weltwirtschaft behandeln. Ich will lieber die auf den ersten Blick vielleicht unbedeutende, aber nicht minder wichtige Gegenwart eines jeden von uns zum Thema machen. Und nachdem wir uns im God da Tamangur eingehend mit der Bedeutsamkeit der Reflexion auseinandergesetzt haben, mit dem grossen Gewicht, das Selbsterkenntnis in unserem Leben einnehmen sollte, gehen wir den nächsten Schritt an, der im Prozess zu einem erfolgreichen, glücklichen, erfüllenden Dasein notwendig ist.

Die Vision.

**Ein weiter Ausblick zum tief Durchatmen: St. Moritzersee, Silvaplaner- und Silsersee.**

Schritte zum Erfolg 5:

**Halten Sie an dieser VISION fest:**
V **Vitalität**
I **Ideen**
S **Sinn**
I **Identifikation**
O **Offenheit**
N **Neues**

Eine Vision bedeutet, dass wir über uns hinausdenken können.

Über sich hinausdenken.

Stellen Sie sich das vor.

Ist das nicht ein schönes Bild? Ein Bild, das Sie geniessen sollten? Schauen Sie sich dabei zu, wie Sie grösser werden. Falsch können Sie dabei gar nichts machen, und ausser Ihnen sieht Sie auch niemand. Also, versuchen Sie es doch einfach mal. Schliessen Sie die Augen und denken Sie über sich hinaus …

Hat es geklappt? Nun, wenn ja, war es sicher ein Vergnügen. Wenn nicht, versuchen Sie es einfach später wieder, etwa vor dem Schlafen gehen.

Eine Vision zu haben, bedeutet auch, eine andere Sicht der Dinge zu bekommen, neue Wege zu entdecken, die uns vorher verborgen waren. Auf neuen Wegen gelangen wir wiederum an frische Wegweiser, an spannende Kreuzungen, an interessante Aufstiege und atemberaubende Aussichtspunkte, die uns ungeahnte Perspektiven eröffnen.

Klingt gut, nicht wahr?

Das ist auch gut. Denn das Gegenteil von Vision ist Stillstand. Anders gesagt: Tun wir weiterhin nur das, was wir immer getan haben, werden wir auch weiterhin nur erleben, was wir immer erlebt haben.

Entscheiden Sie selbst: Wollen Sic Ihre wertvolle Lebenszeit weiterhin mit der Suche nach Hindernissen ausfüllen oder stattdessen ihr Leben mit dem Erkennen von Chancen aufregend gestalten? Wollen Sie Risiken eingehen oder lieber Sicherheit konsolidieren?

Es ist Ihre Entscheidung.

Aber darf ich Ihnen etwas verraten? Sie verlieren, was Sie nicht wagen. Oder anders gesagt: Sie verlieren, wenn Sie nichts wagen. Und wenn Sie sich im Kapitel eins mit ihrer ureigenen Identität auseinandergesetzt und folglich auch etwas über Ihre wahre Berufung herausgefunden haben, dann sollten Sie den eingeschlagenen Weg unbedingt weitergehen und sich mit der Vision anfreunden.

Blick auf das Tagesziel Alp Languard, wo es die grössten Cremeschnitten der Schweiz zu kosten gibt – wenn man sich beeilt.

## Muottas Muragl: die Vision heute

Die Bahn steigt mühelos, so scheint es, das steile Trassee hoch. Oben angekommen, geschieht mit mir, was hier immer mit mir geschieht: Ich steige aus der Bahn, mache einige Schritte und stehe auf einer Plattform, die mir den grandiosesten Blick bietet, den ich kenne: die Oberengadiner Seenplatte. Der St. Moritzersee, der Silvaplanersee und der Silsersee reihen sich hintereinander zwischen mächtigen Bergen. Ich weiss, dass ich in diesen Augenblicken einfach zu lächeln beginne, jedes Mal aufs Neue staune und mich freue. So wie alle anderen, die mit mir aus der Bahn steigen.

Diese Bahn war die erste im Engadin, seither sind in den Alpen viele andere gebaut worden, die Menschen in neue Höhen bringen. Die Konkurrenz unter den Unternehmen ist gross, der Kampf um Touristen und Einnahmen ist hart, und nur wer immer wieder neue Visionen hat, kann bestehen.

Auf dem Muottas Muragl wurde das Berghotel vor einigen Jahren renoviert und vergrössert – aber mit einem zukunftsweisenden Energiekonzept, sodass es heute das erste Plusenergie-Hotel der Alpen ist. Das bedeutet: Dank Abwärme aus dem Betrieb, Solarwärme, Erdwärme und Solarstromerzeugung im, am und um das Hotel herum erzeugt der Berg mehr Energie, als das Hotel braucht. Das ist klug, das ist vernünftig, das ist die Zukunft. Hier oben werden jährlich Emissionen von 144 Tonnen $CO_2$ vermieden. Dazu war eine Bündelung von ganz vielen Visionen zugleich notwendig.

Mich fasziniert das.

Aber nun wird es Zeit, dass wir losgehen. Der Wanderweg verläuft mehr oder weniger der Bergflanke entlang, steigt sanft um 100 Meter hinab, bevor es dann hoch zur Segantinihütte auf 2731 Meter hinauf geht, dem ersten Etappenziel der Hochwanderung.

## Nicht jeder will Visionen haben

Der Pfad ist zu Beginn schön breit, und zu meiner Rechten liegen die Oberengadiner Seen. Zu meiner Linken steht eine gelbe Parkbank vom Tourismusverein von Samedan, und darum herum blühen zahllose Blumen in der Wiese. Nun, man sieht sie nur, wenn man hinschaut. Das muss man schon tun. Aber längst nicht alle schauen hin. Weder bei Blumenwiesen noch bei sich selber.

Es ist nun mal so: Nicht jeder will Visionen haben. Es gibt Menschen, die ganz offensichtlich sicher sind, was sie wissen wollen – und sie wollen nicht wissen, was ausserhalb ihres gegenwärtigen Denkens noch möglich wäre. Ich hatte einen Kandidaten, einen Finanzchef, und dieser sah für seine weitere Zukunft nur eine einzige Möglichkeit: wieder Finanzchef zu sein. Er weigerte sich, überhaupt nur etwas anderes zu denken. Das musste ich akzeptieren. Wenn jemand so gemacht ist und keiner Erneuerung gegenüber aufgeschlossen ist, dann soll er Finanzchef bleiben.

Einverstanden. Wir müssen uns nicht ständig erneuern. Manchmal gründet eine berufliche Krise darin, dass die Chemie mit den Vorgesetzten nicht stimmt. In so einem Fall reicht es, eine neue Anstellung zu finden, in der es dann hoffentlich besser passt.

Meine Erfahrungen mit jenen Kandidaten, bei denen eine Neuorientierung dringend notwendig war, zeigten mir aber dies: Manager sind wenig kreativ, um nicht zu sagen: völlig unkreativ. Zumindest zu Beginn. Vielleicht waren diese Kaderleute zu lange in der Konformität gefangen gewesen, zu sehr an äusseren Werten orientiert, immer nur mit Tunnelblick unterwegs. In unserer Beratung hiess die Devise deshalb: Impulse geben. Ohne diese setzte keinerlei freies Denken bei unseren Kandidaten ein.

Was ist das für ein Geräusch? Ein Sirren und Surren erfüllt die Luft, voller Energie und Tempo. Ich blicke hoch zum Himmel, wo das Geräusch herzukommen scheint. Zuerst sehe ich nichts, dann kann ich aber umso deutlicher ausmachen, woher das Sirren stammt: In rasendem Tempo gleitet ein Segelflugzeug über mich hinweg. Ein schlankes, filigranes, in der Sonne aufblitzendes Teil mit elegantem Rumpf und schmalen Flügeln. Fliegen. Der Traum vom Fliegen. Eine Vision, die wahr geworden ist. Eine Vision, die viele Menschen erforderte, die über sich hinausdachten, die etwas wagten, die für ihren Traum alles riskierten, was sie hatten. Und irgendwann war es so weit – der Mensch flog. Was sich irgendwelche «Spinner» und «Fantasten» vorstellten, was viele gebrochene Beine oder sogar Hälse verursachte, führte dennoch zum Ziel. Deshalb glaube ich: Was immer Sie sich vorstellen, können Sie erreichen.

Aber dazu müssen Sie sich bewegen.

---

Schritte zum Erfolg 6:

**Gehen Sie mit BISS an die Arbeit:**
B **Begeisterung**
I **Identifikation**
S **Sinn**
S **Spass**

## Das fünfstöckige Haus

Bei unseren Kandidaten benutzten wir in der Beratung oft das Bild eines fünfstöckigen Hochhauses. Ich sagte: «Wir haben Sie getestet, und wir haben ein breitgefächertes Bild Ihrer Fähigkeiten und Fertigkeiten gewonnen. Wir wissen, dass Sie Potenzial haben. Und wissen Sie was? Sie sind bildlich gesprochen keine Hütte. Sie sind ein fünfstöckiges Haus. Bloss: Ich befürchte, Sie sind in diesem Haus noch nie über das Erdgeschoss hinaus hoch gestiegen!»

Die Kandidaten machten stets grosse Augen, wenn sie mir zuhörten. Ich fuhr fort: «Sie haben den Mut noch nie gehabt, einfach die Treppe zu nehmen und mal nachzusehen, wie es in den anderen Stockwerken dieses Hauses aussieht. Und das, obwohl es Ihnen gehört!»
«Ich habe noch nie darüber nachgedacht», war die häufigste Antwort.
Daraufhin wurde ich manchmal etwas lauter, einfach, um der Situation mehr Gewicht zu geben und die Kandidaten stärker herauszufordern: «Sie haben 30 Jahre lang das Gleiche gemacht und wollen nun die nächsten 20 Jahre dasselbe machen?»
«Nun, etwas anderes, als ich bis jetzt gemacht habe, kann ich doch gar nicht.»
Diese Antwort hatte jeweils etwas Erschütterndes, denn sie stammte von Menschen, die Verantwortung trugen, Entscheidungen fällten, auf Erfolg getrimmt waren. Das meine ich, wenn ich sage, wir mussten den Kandidaten viele Impulse geben. Es war notwendig, um dieses Im-Kreis-Denken zu knacken: «Hören Sie», sagte ich, «das Leben ist auch ein Experiment. Wir durchstöbern nun gemeinsam dieses grosse Haus, schauen in alle Zimmer und finden heraus, was da noch an Unentdecktem oder Verschüttetem, an Vergessenem oder Versäumtem vorhanden ist. Kommen Sie mit?»

In jenen Sitzungen schufen wir gewissermassen einen virtuellen fünften Stock und stiegen mit dem Kandidaten ganz hinauf. Unsere Absicht war, dass er von seiner Dachterrasse auf die Welt hinunterblickte und dabei merkte, dass um ihn herum nicht tiefe, dunkle Nacht herrschte, sondern dass von dort oben alles anders aussah. Dass der Blick vom Dach sehr weit ging und viele spannende Chancen versprach.

Befanden wir uns zusammen in diesem fünften Stock, veranstalteten wir richtiggehende Inspirationsfeuerwerke. Einer meiner Mitarbeiter und ich kannten durch die Potenzialanalyse schon einiges vom Kandidaten. Wir

Aufstieg zur Segantinihütte auf 2731 Meter über Meer: «Das Leben ist auch ein Experiment.»

wussten, was er konnte, welche Erfahrungen er gemacht hatte, was seine Stärken waren und welches seine Schwächen. In diesen Inspirationssitzungen konfrontierten wir ihn mit vielen Ideen und mit konkreten Vorschlägen für eine neue, andere Welt, für eine Welt, in der er mit offenen Armen empfangen werden würde, weil es jene Welt war, die er schon immer mal erobern wollte.

«Könnten Sie sich vorstellen, eine Bergbahn zu leiten?»

Wenn wir einen Vorschlag machten, sahen wir sehr schnell, ob wir in die richtige Richtung gingen. Wir erkannten das am Glanz seiner Augen. Glänzten diese nicht, war das nicht weiter schlimm. Wir mussten nicht gleich beim ersten Vorschlag ins Schwarze treffen. Neun, zehn, elf Ideen hatten wir für jeden Kandidaten in petto, die wir aus dem Studium der Potenzialanalyse inklusive unserer beruflichen und menschlichen Erfahrung entwickelt hatten.

«Würde Ihnen eine Anstellung im Gesundheitswesen gefallen?»
«Oh, eigentlich ja. Kranke gibt es immer, diese Branche hat Zukunft.»
Halt, halt! Wenn eine solche Antwort kam, mussten wir intervenieren:
«Das ist keine Vision. Sie denken an ein Salär. Das hat mit Ihnen als Mensch, mit Ihrem Innersten, nicht unbedingt etwas zu tun.» Nein, wenn einer bei einer Vision zuerst an den Lohn dachte, dann war er bei uns auf dem Holzweg. Passion musste er entwickeln, Passion! Das war es, was wir bei jedem unserer Kandidaten zu wecken versuchten.

Wenn dann einer unserer Impulse auf einmal die Augen des Kandidaten zum Leuchten brachte und wir spürten, jetzt schnellt der Energielevel nach oben, dann wussten wir: Wir kommen der wahren Berufung unseres Kandidaten, seinem Lebensauftrag, auf die Spur.

Denn wenn jemand seine Berufung findet – dann kommt es ganz einfach gut. Wir versuchten den Kandidaten in diesem Prozess weiter zu unterstützen, damit er seine Vision zu entwickeln begann. Es brauchte uns als Sparringpartner dazu. Wir wussten aus Erfahrung, dass es schwierig war, alleine auf sich gestellt die Spur halten zu können. Bildlich gesprochen behielten wir ihn oben im fünften Stock, bis er nach und nach einige Aha-Erlebnisse hatte. Dabei war es übrigens vollkommen unerheblich, ob der Kandidat für seine Vision a) die richtige Ausbildung hatte, b) das richtige Alter oder c) den richtigen Hintergrund.

---

Schritte zum Erfolg 7:

**Verbringen Sie die Zeit nicht mit der Suche nach Hindernissen, sondern mit dem Finden von Chancen!**

Ein Beispiel: Wir hatten über einen Kandidaten, der lange in der Reisebranche tätig gewesen war, herausgefunden, dass er eine starke Leidenschaft für Autos verspürte. Also stiegen wir so ins Gespräch ein:
«Autos sind Ihre Passion, nicht wahr? Liegt Ihnen eine besondere Marke am Herzen?»
«Oh, ja, Audi. Ich kenne mich mit Audis besser aus als jeder Audi-Verkäufer. Ich lese alles darüber, ich weiss alles über Audi.»
«Dann sollten Sie vielleicht Audi zu Ihrer Hauptbeschäftigung machen?»
«Aber ich verstehe doch nichts vom Autobusiness! Und ich kann da auch nicht einsteigen, hat man mir gesagt, man muss in dieser Branche gross geworden sein.»

Eine typische Antwort.

Sie kennen ganz bestimmt Menschen, die immer auf der Suche nach Hindernissen sind statt am Aufspüren von Chancen. Menschen, die auf einen konstruktiven Vorschlag stets mit einer Antwort aufwarten, die beschwört, warum eine Lösung unmöglich ist.

In diesem konkreten Fall war uns deshalb klar, dass wir den kreativen Prozess in eine andere Richtung steuern mussten. Unsere Aufgabe war nicht länger, dem Kandidaten eine Chance auf eine Anstellung zu ermöglichen, sondern dem Kandidaten eine Chance zu ermöglichen, sich eine Chance zu erarbeiten. Die Chance nämlich, als Quereinsteiger in eine Branche einzusteigen, die keine Quereinsteiger will.

Deshalb konzentrierten wir uns auf seinen immensen Erfahrungsschatz. An seiner vorherigen Stellung war er zum Beispiel für Premiumkunden zuständig. Hier fanden wir die erste Analogie: Auch eine Automarke hat Premiumkunden. Zudem: Die Geschäftsstruktur eines Reiseunternehmens mit Mutterhaus und vielen Filialen entsprach der Struktur, die auch der Autohandel kennt.

Wir schärften diese Parallelen, zeigten unserem Kandidaten auf, dass er nicht chancenlos war, unterstützten ihn in seinem Traum und forderten ihn auf, einen, wie wir es nannten, Weltmeisterbrief zu schreiben, in dem Dinge standen wie: «Mein Herz brennt seit 20 Jahren für Audi.» Oder: «Ich passe nicht ins Profil Ihrer Stelleninserate, aber ich kann vieles, das verlangt wird. Ich will unbedingt eine Chance, mich bei Ihnen vorzustellen!»

Beherzigen Sie das:

**Wer neue Antworten will, muss neue Fragen stellen.**

PROTOKOLL

# Der einfache Salto des Jörg B.

**Jörg B. ist mehr aus Trotz als aus Leidenschaft CEO einer Finanzgesellschaft geworden. Erst als er entlassen wird, erinnert er sich seiner wahren Talente und entwickelt seine individuelle Vision.**

Jörg B., so wollte es die Familientradition, sollte Arzt werden. Sein Grossvater war Mediziner, sein Vater und sein Onkel waren es auch. Er lauschte als Bub genau hin, wenn sein Vater der Mutter erzählte, wie er Menschen in schwierigen Situationen helfen konnte.

Aber Jörg B. war bereits früh sehr eigenständig, ein selbstbewusster Individualist, der seinen Weg finden wollte. Das war der Grund, weshalb er sich gegen die Medizin entschied und damit gegen die Absichten seiner Eltern. Stattdessen studierte er Betriebswirtschaft, habilitierte und machte eine steile Karriere bis zum CEO einer bekannten Finanzgesellschaft.

Als er 50 Jahre alt war, wurde er im Rahmen einer Restrukturierung entlassen. Für ihn war das die Zeit, über seine Zukunft nachzudenken, Zeit, die Vergangenheit zu analysieren. Er kam zum Schluss, dass sein eingeschlagener Weg eine Trotzreaktion gewesen sein musste. Denn ihm hatte die Entwicklung und Förderung seiner Mitarbeitenden stets mehr Freude bereitet als die harte finanzielle und administrative Führung des Unternehmens.

Wir liessen ihn Perspektiven entwickeln, und es zeigte sich, dass er die grösste Erfüllung auf einem Nebenschauplatz gefunden hatte. Seine nebenberufliche Tätigkeit als Universitätsdozent war für ihn deshalb faszinierend, weil er mit grösstem Interesse den Studenten zuhören konnte, welche Pläne sie hatten, wohin sie sich entwickeln wollten. Er diskutierte mit ihnen, machte Vorschläge, und es war ihm ein Anliegen, ihnen nicht nur fachlich, sondern auch menschlich etwas für ihr Leben mitzugeben.

In unserer Beratung schälte sich immer deutlicher heraus, dass sein Talent darin bestand, Menschen in ihrer Entwicklung zu unterstützen. Noch aber konnte Jörg B. daraus keine Vision ableiten.

Als er aber von einem Kollegen erfuhr, dass ein Fachhochschulleiter via Headhunting gesucht wurde, erwachte er endlich aus seinem Schlummerschlaf. Jörg B. spürte jedoch nicht nur grosses Interesse an dieser Herausforderung. Er hegte auch Befürchtungen.

Er fragte sich, ob er überhaupt eine Chance hätte, als Branchenlaie an ein Gespräch eingeladen zu werden.

Wir machten ihm Mut: Seine vielfältigen Erfahrungen in der Privatwirtschaft, seine starke Kundenorientierung und insbesondere seine grosse Affinität für Bildungsfragen erachtete letztlich auch er als genügend griffige Argumente, um das Wagnis einzugehen. Er bat um ein Gespräch und erhielt tatsächlich einen Termin.

Eine Woche lang bereitete er sich gründlich vor, indem er sich alle verfügbaren Informationen über die Schule beschaffte, seine eigenen Stärken und Talenten im Umgang mit Lehrpersonen sorgfältig zurechtlegte, schliesslich die strategischen Erfolgspositionen der Lehranstalt entdeckte und gleichzeitig auch deren beträchtliche Probleme in der Vermarktung erkannte.

Auf den letzten Punkt setzte er seinen Fokus. Sein weit verzweigtes Netzwerk in der Wirtschaftswelt würde es ihm ermöglichen, die Fachhochschule schnell, sicher und erfolgreich auf dem Markt zu etablieren, so seine Überzeugung.

Jörg B. schaffte es unter die drei letzten Bewerber und machte das Rennen. Es kam, wie die kühnste Vision es nicht hätte plastischer darstellen können: Jörg B. entwickelte die Schule weiter, feierte grosse Erfolge und fand sein berufliches Glück.

Mein Fazit: Wenn jemand von etwas so stark überzeugt ist, dass er sich den Erfolg mental vorstellen kann, dann ist er schon fast am Ziel. Tut er dann noch alles dafür Denkbare, stellt sich der Erfolg ein. Garantiert.

**Schritte zum Erfolg 8:**

**Erledigen Sie die Dinge mit Freude!**

In der Tat sind Stellenausschreibungen häufig nicht erbaulich. In diesen wird so viel gefordert, dass Quereinsteiger sofort der Mut verlässt. Quereinsteiger müssen stattdessen mit ihrer Leidenschaft und ihrer Zielstrebigkeit punkten. Das wird in Stelleninseraten hingegen selten verlangt.

Nun, die Geschichte ging gut aus: Unser Kandidat durfte vorsprechen, gewann, stieg quer ein in einer guten Position – und nicht genug damit, er stieg die Karriereleiter hoch. Er war glücklich. Nach 20 Jahren geheimer Leidenschaft war dieser Kandidat im Zentrum seiner Passion gelandet. Und damit mitten in seinem Glück.

## Sparringpartner sind wichtig

Übrigens: Was ich über den Sparringpartner gesagt habe, gilt zuweilen auch für mich. Ich bin auch besser darin, andere zu beraten, als mir selber zu helfen. Es schadet deshalb nie, jemanden zu konsultieren, der die richtigen Fragen stellt, der neue Fragen stellt – denn dann kommen auch neue Antworten. Es braucht einen, der fragt: «Haben Sie Träume?» und der diese Frage so oft stellt, bis er die Antwort «Ja» erhält.

Als Jugendlicher ging ich ab und zu mit meinem Vater auf die Alp, wo die Südtiroler Hirten die Kühe aus dem Unterland hüteten. Das Leben dieser Hirten faszinierte mich von Beginn weg. Ich war überzeugt, dass sie dort oben in totaler Freiheit und Unabhängigkeit lebten. Aber ich verstand damals noch nicht, warum mich das berührte. Heute weiss ich es: Die Hirten lebten mir vor, was ich dereinst auch für mein Leben wollte. Daran erinnert habe ich mich erst 25 Jahre später, nach einer erfolgreichen Karriere mit mehreren Aufstiegen und dem jähen Ende durch eine Entlassung. Und auch dann dauerte es noch eine Handvoll Jahre, bis ich endlich meine Vision in ihrer Ganzheit verstanden hatte. Bis ich den Mut und den Willen aufbringen konnte, meine Vision umzusetzen und selbständig zu werden in einem Bereich, der mich faszinierte und glücklich machte. Meine Vision lautete: frei sein, begeistert leben dürfen, anderen Menschen helfen.

Nun, auch ich habe meine Lektionen im Leben mehrmals erteilt bekommen, auch ich hatte nicht sofort verstanden, worum es bei mir wirklich ging. Es ist nun mal so: Der Weg zum Erkennen seiner Vision ist ein beschwerlicher, einer, der mit Versuch und Irrtum zu tun hat, der Umwege, Irrwege und Sackgassen aufweist.

Beherzigen Sie das:

**Alles, was Sie sich vorstellen können, können Sie auch erreichen.**

Oder anders gesagt: *Das Leben* wirft einem zwar die richtigen Köder zu. Oder positiver ausgedrückt: *Es reicht uns eine Hand, die wir ergreifen müssen.* Aber man muss dann auch wirklich danach greifen. Das tat ich nicht. Deshalb musste ich mehrmals den Weg des Leidens gehen, bis ich am Ziel war. Aber als ich schliesslich ankam, war meine Vision glasklar, mein Auftrag vorgegeben: Ich wollte den Kandidaten, die eine mir sehr vertraute Erfahrung gemacht hatten, nämlich entlassen zu werden, in konzentrierter und rascher Weise Erlebnisse verschaffen, damit sie ihr Glück fänden. Ich erkannte, dass ich durch mein Scheitern Erfahrung, Wissen und Weisheit gewonnen hatte, die ich anderen zur Verfügung stellen wollte, damit sie nicht in gleicher Weise wie ich leiden müssten.

Glauben Sie mir: Es lohnt sich, den richtigen Sparringpartner zu finden.

## Mit Biss zur Vision

Nur noch wenige Schritte, dann habe ich den höchsten Punkt der Höhenwanderung erreicht. Wenn man sich der Segantini-Hütte nähert, taucht als Erstes ein rotes Häuschen mit einer Menge Schweizerkreuzen auf. Es ist die Toilette, vermutlich die Toilette mit der grandiosesten Aussicht von Mitteleuropa. Einige andere Berggänger sitzen vor der kleinen, steinernen Hütte an der Sonne und unterhalten sich angeregt über einen Steinbock, der 250 Meter entfernt in einer Wiese sitzt und sich die Sonne auf den Pelz brennen lässt.

Die Hüttenwarte sind neu, haben erst einen Monat zuvor angefangen, hat man mir gesagt. Ich bestelle eine Gerstensuppe und etwas Käse, und obschon Selbstbedienung ist, bringt mir die Hüttenwartin höchstpersönlich die Suppe an meinen Tisch. «Ich habe ja Zeit», sagt sie und lächelt. Ich nehme einen Schluck Veltliner. «Hast du eine Vision?», frage ich sie. Die Hüttenwartin blickt überrascht, lächelt erneut, und antwortet: «Wir wollen unsere Gäste glücklich machen.»

Hervorragende Vision, denke ich, schneide ein Stück vom Alpkäse ab, stecke ihn mir in den Mund und bewundere die Welt unter mir. Auch da: Überall waren Visionäre am Werk. Visionäre, die neue Wege fanden, in den kurzen Sommern dieses Hochtals genügend Nahrung für die langen Winter zu konservieren. Visionäre, die Häuser bauten, die den Menschen das Überleben in grosser Kälte ermöglichten, und damit eine ästhetische Architektur schufen, die es sonst nirgends auf der Welt gibt. Visionäre, die

Die Chamanna Segantini ist nach dem grossen Maler Giovanni Segantini benannt, der hier im Jahr 1899 verstarb.

den Tourismus etablierten. Es war in St. Moritz, wo das erste elektrische Licht in der Schweiz brannte. Der Hotelier Badrutt begeisterte damit 1879 seine Gäste im Speisesaal des Hotel Kulm, die begeistert aufgesprungen seien und die Servietten geschwenkt haben sollen. Das könnte ich hier, auf der Segantinihütte, beinahe auch machen. Es ist wahnsinnig schön hier, die ganze Umgebung atmet Energie, schenkt Inspiration und Kraft. Manchmal bricht es einfach aus mir heraus und ich rufe lautstark in die Natur: «Schön, schön, schön!» Aber das lasse ich hier besser bleiben, ich will niemanden mit meinem Enthusiasmus erschrecken.

Habe ich es übrigens schon gesagt? Ich bin ein einfacher Mensch. Deshalb macht es mir Spass, komplexe Zusammenhänge auf einfache Weise darzustellen. Ich denke mir dazu Begriffe aus, deren Buchstaben ich eine Bedeutung gebe. Und wenn ich der Ansicht bin, dass man mit Biss zur Vision kommt, dann ist Biss buchstäblich:

B für Begeisterung
I für Identifikation
S für Sinn
S für Spass

B: Was begeistert mich? Die Antwort darauf lautet: Ich muss offensichtlich machen, was mich begeistert. Zum Beispiel dies: Ich führe gern oder ich motiviere gern.

I: Womit kann ich mich identifizieren? Mit der Alterspflege, mit einem Audi oder mit Bankgeschäften?

Weht die Fahne auf dem Oberen Schafberg, ist die Hütte geöffnet: «Überall waren Visionäre am Werk.»

SS: Weiss ich, was für mich Sinn macht? Will ich dem Staat Geld sparen helfen, will ich Kinder betreuen? Wenn die Antwort darauf klar ist, gibt es keine Frage vier mehr, sondern nur eine letzte Antwort: Ich habe Spass.

Dasselbe mache ich mit dem Begriff «Vision»:

V steht für Vitalität: Denn ohne funktionierende Batterie bin ich tot.
I steht für Ideen: Das sind die Optionen und Träume.
S steht für die Suche nach Optionen.
I steht für die Imagination, die Vorstellungskraft.
O steht für Offenheit – denn ich muss offen sein für
N Neues.

Beherzigen Sie das:

**Vision ohne Aktion ist nur ein Traum. Aktion ohne Vision ist Zeitverschwendung. Vision mit Aktion führt zum Erfolg.**

## Nicht das Werkzeug entscheidet

Es ist kein Zufall, dass meine Route über die Segantinihütte führt. Der berühmte Maler ist ein Lehrbeispiel für einen Menschen mit Visionen. Als Giovanni Battista Emanuele Maria Segatini 1858 geboren wurde, nördlich des Gardasees auf österreichischem Gebiet, waren seine Lebensumstände von Anfang an katastrophal: Mit sieben Jahren, die Mutter war tot, der Vater ein Alkoholiker, kam er zu einer erwachsenen Halbschwester. Diese betrachtete ihn aber nur als Belastung. Giovanni riss immer wieder aus dem Haus der bösen Schwester aus, worauf diese die Behörden aufforderte, ihrem Halbbruder die Staatsangehörigkeit zu entziehen. Das war damals tatsächlich möglich. Mit zwölf wurde der staatenlose Junge dann wieder einmal ohne Papiere aufgegriffen. Doch diesmal wurde er nicht zurückgebracht, sondern man steckte ihn in eine Erziehungsanstalt. Was sein Glück war, denn ein Anstaltsgeistlicher entdeckte Giovannis zeichnerische Begabung. Mit 17 Jahren durfte er in Mailand bei einem Dekorationsmaler zu arbeiten beginnen, er schrieb sich in der Folge an der Kunstakademie ein, belegte Abendkurse – und mit 21 Jahren stellte Giovanni, nun vom Segatini zum geschmeidiger klingenden Segantini geworden, ein Bild aus, das wegen der neuartigen Behandlung des Lichts die Mailänder Fachwelt verblüffte. Der Name des Bildes: «Chorgestühl von Sant'Antonio».

Bemerkenswert finde ich, dass sich Segantini in seiner Malerei allein von dem leiten liess, was er sah. Er selber formulierte das in Bezug auf sein Bild so: «Ich war sicher nicht darauf bedacht, ein Kunstwerk zu schaffen, sondern darauf, mich einfach in der Malerei zu betätigen. Durch ein geöffnetes Fenster drang ein Lichtstrom ein, der die in Holz geschnitzten Sitze des Chores mit Helligkeit übergoss. Ich malte diesen Teil und bemühte mich, vor allem das Licht festzuhalten, und sogleich begriff ich dabei, dass man beim Mischen der Farben auf der Palette weder Licht noch Luft bekam. So fand ich das Mittel, die Farben echt und rein anzuordnen, indem ich auf der Leinwand die Farben, die ich sonst auf der Palette gemischt hätte, ungemischt die eine neben die andere setzte und dann es der Netzhaut überliess, sie beim Betrachten des Gemäldes auf ihre natürliche Entfernung zu verschmelzen.»

So einfach kann Genialität sein!

Über Stationen in der Lombardei und Savognin gelangte Segantini 1894 ins Engadin nach Maloja. Sein grosses Vorhaben war es, ein siebenteiliges

Panorama des Engadins zu malen. So weit kam es nicht. Er starb am 28. September auf dem Schafberg, 20 Minuten vor Mitternacht, hier, wo ich mich jetzt gerade befinde. Er war nur 41 Jahre alt geworden; eine Bauchfellentzündung soll, so heisst es, zu seinem Tod geführt haben.

Ein sehr aussergewöhnliches Leben fand ein frühes Ende, aber Segantini lebt bis heute weiter, denn obschon er das gleiche Werkzeug wie alle seine Malerkollegen zur Verfügung hatte, schuf er etwas Neues. Er hatte die Vision, das Licht besser zu malen, und er fand tatsächlich diesen Weg, das Licht ganz neu zu malen.

## Die Magie des Lichts

Einverstanden: Wir sind natürlich keine Segantinis. Segantini hat das Licht auf eine absolut einzigartige Weise gemalt. Und die Krönung seiner Schöpfung war, das besondere Licht des Engadins ganz besonders zu malen. Was können wir, in diesem Lichte betrachtet, denn Besonderes mit unseren Werkzeugen erschaffen?

Anders gefragt: Wie können wir die uns zur Verfügung stehenden Werkzeuge anders einsetzen, um etwas Neues zu schaffen?

Bei den meisten der über tausend Kandidaten, die ich begleitet habe, brauchte ich etwa eine Stunde, um ihre Persönlichkeit einzuschätzen. Es gab einige wenige, die mich blenden konnten. Sie schafften es mit beachtlicher Schauspielkunst, sich als besser zu verkaufen, als sie tatsächlich waren. Nun ja, früher oder später kommt das dann ans Licht. Doch in den meisten Managern, die in eine persönliche Krise gerutscht waren, konnte ich lesen wie in einem offenen Buch. Ich hätte fast jedem einzelnen sagen können, was für ihn ein möglicher Weg ist. Doch das fruchtet nicht. Der Weg ist, es ihn selber merken zu lassen, wohin er gehen muss. Der Weg ist, den Kandidaten an einen Punkt zu bringen, an dem er seine Vision selber formulieren kann. Der Weg ist, ihn so weit zu begleiten, dass ihm ein Licht aufgeht.

Sie merken: Die beiden Begriffe Licht und Vision sind Geschwister. Eine Vision ist wie das Licht am Ende eines Tunnels. Eine Vision ist Licht am Horizont. Eine Vision bringt Licht ins Dunkel. Eine Vision bringt etwas Verborgenes ans Licht. Eine Vision lässt einen die Zukunft in einem anderen Licht sehen.

**Rast bei Gerstensuppe, einem Glas Veltliner und Alpkäse.**

PROTOKOLL

# Der doppelte Salto des Joseph F.

Als Bankdirektor Joseph F. mit 54 Jahren entlassen wird, ist das für ihn keine Überraschung. Seine Motivation leidet schon lange. Es dürstet ihn nach einer sinnvollen Arbeit, die er in der Finanzwelt nicht mehr finden kann.

Sein Arbeitgeber, ein bekannter Konzern, eröffnete Joseph F. nüchtern, er passe nicht mehr zur Firmenkultur und, leicht verklausuliert, er gehöre zum alten Eisen.

Joseph F. nahm die Kündigung mit Fassung entgegen. Er sah schon länger keinen Sinn mehr in seiner Arbeit. Aber den Mut, den angesehenen und bestbezahlten Bankdirektoren-Job an den Nagel zu hängen, hatte er nicht selbst aufgebracht. Das Leben musste für ihn entscheiden.

Im Rahmen unserer Analyse erwähnte der Klient oft: «Am liebsten würde ich etwas Neues machen, etwas ganz anderes.» Kein einfaches Unterfangen.

Die weitere Analyse von Karriere und Persönlichkeit ergab, dass Joseph F. viele Kompetenzen in sich vereinigte: fachliche Stärken im Finanzmanagement, in der Menschen- und Projektführung, im Umbauwesen und dazu ein besonderes Flair im Umgang mit Kunden.

Seine Vision begann sich zu formen: «Ich will etwas Sinnvolles tun, etwas mit Inhalt, das mich erfüllt.» In einem zweiten Schritt wurde er konkreter: «Gerne würde ich mit Kunden und mit Mitarbeiterführung zu tun haben. Wenn ich dazu noch mein grosses Know-How in Sachen Finanzen einbringen könnte, wäre das grossartig.»

In unseren Coaching-Gesprächen kam Joseph F. auf seine dementen Eltern zu sprechen, die in einem Pflegeheim untergebracht waren. Er selber hätte sich in den vergangenen fünf Jahren sehr in die Materie eingearbeitet und sich viel Wissen über Alzheimer angeeignet, sagte er. Erfahrung konnte er auf diesem Gebiet nicht vorweisen, aber dennoch gestaltete sich in seiner Vorstellung sein Traum immer detaillierter: Joseph F. hatte die Vision, eine Pflege-Institution für Demenzkranke kompetent zu leiten.

Wir wussten, dass eine solche komplette Neuausrichtung sehr anspruchsvoll ist. Es ist ein hartes Stück Arbeit, sich von Bekanntem zu lösen und seiner Leidenschaft zu folgen. Wir nannten das intern einen doppelten Salto, denn in diesem Fall änderte sowohl Firma als auch Branche als auch Job. Wir legten uns eine Strategie zurecht, wie wir diesen doppelten Salto sicher zum Stehen bringen könnten.

Etwas war von Anfang an klar: Ein solcher Job findet sich nicht im Stellenanzeiger. Wir aktivierten deshalb sein gesamtes Netzwerk und unseres dazu. Ergebnis: Wir fanden tatsächlich eine Pflege-Institution, die infrage kam.

Wir gingen gründlich vor. Die Recherchen in unseren Netzwerken hatten ergeben, dass in besagtem Heim die Finanzen aus dem Ruder gelaufen waren. Zudem erfuhren wir, dass der aktuelle Heimleiter Führung und Motivation der Mitarbeitenden vernachlässigt hatte.

Unser Kandidat hatte zwar viel vorzuweisen, aber das musste optimal präsentiert und verkauft werden. Seine Erfahrungen im Finanzwesen, insbesondere die Restrukturierungsarbeit an seiner früheren Stelle, stellten wir deshalb in den Mittelpunkt, ebenso wie sein Talent im Umgang mit Angestellten.

Die Konkurrenten von Joseph F. für diese Stelle wiesen alle langjährige Branchenerfahrung auf. Wir setzten deshalb voll und ganz auf die starke, überzeugende Persönlichkeit des Kandidaten in der Präsentation. Das sollte die fehlende Praxis aufwiegen.

Der doppelte Salto gelang. Unser Klient stach drei andere in der engeren Wahl stehende Kandidaten aus. Unser intensives Coaching liess Joseph F. ausgesprochen gut vorbereitet, sicher und professionell auftreten.

Im Alter von 55 Jahren trat Joseph F. seine Stelle als Altersheimleiter an und führte die Institution mit grossem Erfolg und noch grösserer Erfüllung während sieben Jahren. Mit 62 liess er sich vorzeitig pensionieren und machte sich als Berater von KMU selbständig, bis er sich mit 66 glücklich in den Ruhestand verabschiedete.

In den Sitzungen mit den Kandidaten versuchte ich natürlich stets, Licht, um bei diesem Bild zu bleiben, in die persönliche Befindlichkeit des Kandidaten zu bringen. Mit anderen Worten: Ich war ab und zu sehr provokativ. Streicheleinheiten bringen niemanden weiter. Was einen weiterbringt, ist letztlich nur die Wahrheit.

Auf meine Provokationen gab es drei Reaktionen:
- Die einen reagierten gar nicht. Sie hatten den Schock der Entlassung noch nicht überwunden, sie waren lethargisch, steckten noch tief im Loch. Oder, und das war besorgniserregend: Sie funktionierten halt so.
- Andere hingegen wurden aggressiv. Das war immerhin etwas: Sie empfanden ein Gefühl. Das war schon einmal ein Anfang.
- Und die dritten bedankten sich. Das waren jene, die bereits verstanden, dass sie sich bewegen mussten, dass sie über sich hinausdenken mussten.

## Eine Furt bauen

Von der Segantinihütte geht der Wanderweg unterhalb der Gipfel von La Sours und dem Piz Languard etwas mehr als 300 Meter hinunter zur Alp Languard, dem Ende unserer Höhenwanderung.

Ich nehme allerdings den oberen Weg. Ich will noch ein wenig im fünften Stock bleiben. Hier oben ist die Luft etwas dünner, der Wind weht rauer. So kann es im fünften Stock nun mal sein. Es hat niemand gesagt, dass es der bequemere Weg sei.

Bergflanken, die nur aus Steinbrocken bestehen: «Es hat niemand gesagt, dass es der bequemere Weg sei.»

Teilweise geht es über Steinfelder, vorbei an mächtigen Lawinenverbauungen aus Felsbrocken. An einigen Stellen fliesst Wasser über den Weg. Aber egal, wo und wie oft man in unseren Bergen Bäche queren muss: Irgendwelche guten Seelen haben immer schon grosse Trittsteine so in das Bett gelegt, dass man trockenen Fusses über den Wasserlauf kommt. So sehe ich auch die Aufgabe des Beraters: jemandem eine Furt bauen, damit er ein neues Ufer erreichen kann. Im besten Fall natürlich das richtige Ufer.

Natürlich ist es wichtig, dass der Kandidat in diesem Prozess auf der Suche nach der Vision mithilft. Einige waren unverbesserlich und erledigten ihre Aufgaben zwischen den einzelnen Sitzungen nicht oder nur lausig. Zumindest zu Beginn. Solche Kandidaten nahm ich mir zur Brust, und meistens merkten sie früher oder später, dass Persönlichkeitsentwicklung

> Beherzigen Sie das:
>
> **Ihre Gedanken sind wie ein Samen – daraus kann eine schöne Blume oder ein Unkraut werden.**

etwas ist, das man nicht aufgepfropft bekommt, sondern dass das Arbeit ist und Willen erfordert.

Der Wille ist in der Tat wichtig. Der Wille ermöglicht viel. Der Wille versetzt Berge, heisst es. Die noch stärkere Kraft aber scheint mir die Vorstellungskraft. *Die Imagination.* Die Vorstellungskraft steht ganz am Anfang eines Weges. Und deshalb steht sie in meiner Hierarchie höher. Vorstellungskraft ist vielleicht sogar die höchste Ebene:

- Kann ich mir vorstellen, mit Erfüllung ein Altersheim zu leiten?
- Kann ich mir vorstellen, meine Lieblingsautos zu verkaufen?
- Kann ich mir vorstellen, spannende Seminare anzubieten?

Erinnern Sie sich an die Übung zu Beginn des Kapitels? Als Sie zusahen, wie Sie über sich hinausdachten? Schliessen Sie die Augen und wiederholen Sie die Übung.

Geht es schon leichter? Kommen schon neue Gedanken?

## Ein Happy End

Erst nach zwei Stunden sehe ich die Languard-Hütte vor mir. Ich habe offenbar einen grossen Umweg gemacht. Die Hoffnung, weitere Steinböcke zu sehen, hat sich auch nicht erfüllt. Nun habe ich noch eine weitere Hoffnung: Auf der Hütte, die ich jetzt dann gleich erreiche, kann man die grössten Cremeschnitten der Schweiz geniessen. Ich habe die Vision, wie ich eine solche vor mir auf dem Teller habe und sie verspeise ... Nun ja, auch das muss sein, nicht jede Vision muss gleich zu einer Standseilbahn führen, nicht wahr?

Auf der Terrasse finde ich einen Platz direkt am Haus. Silvia, die Chefin, kommt an meinen Tisch. Sie begrüsst mich herzlich. Aber Cremeschnitten, so sagt sie, seien aus. Schade. Ich bestelle einen Aprikosenkuchen ohne Rahm. Dafür trägt die Hausspezialität Café Languard, die mir Silvia bringt, eine dicke Rahmhaube. Beides, Rahm und alkoholisierter Kaffee, schmecken ausgezeichnet. Dann frage ich Silvia, was denn ihre Vision sei.
«Ach, frag nicht, ich bin keine, die Visionen hat.»
«Aber es gibt doch sicher etwas, das du gern machen würdest?»
«Ja, das schon. Nächsten Sommer besuche ich alle anderen am Berg, die Paradieshütte, die Segantini-Hütte. Das habe ich den Hüttenwarten immer versprochen. Aber ich hatte nie Zeit.»

«Warum hast du denn nächstes Jahr Zeit?»
«Ich werde pensioniert.»
«Du siehst aber nicht aus, als wärest du schon so weit.»
Silvia lächelt.
«Wie lange warst du hier oben?», frage ich.
«Zehn Jahre. Zehn schöne Jahre. Ich wollte unbedingt einmal Betriebsleiterin sein, und zwar auf dieser Hütte. Als diese Stelle vor zehn Jahren frei wurde, habe ich zugegriffen.»

Ich nehme einen weiteren Schluck vom Café Languard und lächle in mich hinein. Silvia hatte eine Vision: Sie wollte schon immer Betriebsleiterin dieser Hütte sein. Und die Vision wurde wahr. Schön! Irgendwie scheint mir, dass das für meine Tour im fünften Stock des Engadins ein regelrechtes Happy End ist.

Keine Cremeschnitten auf der Languardhütte – dafür eine wahr gewordene Vision.

**ÜBUNG**

# Können Sie visionär sein?

## Lassen Sie sich auf Visionssitzungen mit kreativen Menschen ein!

Beantworten Sie präzise die folgenden Fragen, um persönlich gut vorbereitet zu sein für spannende Gespräche, in denen Sie sich auf die Suche nach Ihrer Vision machen.

**1. Welches sind Ihre fünf wichtigsten fachlichen Kompetenzen? Zählen Sie nach Wichtigkeit auf.**

Beispielantworten:
1) Breite und spezifische Chemiekenntnisse (Sparten, Themen, Analytik, Methoden, Grundlagen)
2) Thermische Charakterisierung von chemischen Prozessen
3) Länder- und firmenspezifische Markt- und Verkaufserfahrung in rund 30 Ländern (Emerging Markets, BRICS)
4) Sprach- und Vortragskompetenz (aktiv/passiv)
5) Grosse Schulungs- und Supporterfahrung in Matrixorganisationen

**2. Nennen Sie Ihre fünf wichtigsten persönlichen Stärken.**

1) Hartnäckigkeit
2) Geistige Flexibilität
3) Kulturelle Offenheit
4) Solider Leistungsethos
5) Reflektionsvermögen

**3. Nennen Sie Ihre drei grössten Schwächen**

1) Konzentration auf das Wesentliche
2) Verbissenheit
3) Langsames Tempo

**4. Welches sind Ihre drei wichtigsten Werte?**

1) Respekt (drückt sich durch Aufmerksamkeit für andere aus)
2) Toleranz (drückt sich durch innere Zufriedenheit aus)
3) Grosszügigkeit (drückt sich durch Anteilnahme aus)

**5. Welches sind Ihre persönlichen Ambitionen – was wollen Sie mittelfristig erreichen?**

Leitungs- oder Vorbildfunktion. Grösstmögliche Autonomie mit gleichzeitiger Partizipation in einem zielorientierten Team.

**6. Was sind Ihre minimalen finanziellen Vorstellungen?**

Langfristig 1,5 Millionen Franken in 10 Jahren, Kosten basierend weniger als Fr. 8000.– pro Monat (in der Schweiz).

**7. Was sind Ihre Hobbys?**

Segeln, Skitouren machen, Musik hören, Lesen, Reisen, Trompete spielen, im Garten arbeiten.

**8. Was macht Sie glücklich?**

Meine Kinder, gute Gespräche mit Freunden oder Gleichgesinnten, gelungene Augenblicke, Intimität, Gerechtigkeit, Ästhetik, gelungene Projekte, Verwirklichung von «Unmöglichem».

**9. Welche Branchen und Themen ziehen Sie an?**

Energie, Think Tank, Laborautomatisierung, seltene Erdmetalle (Exploration, Verarbeitung, Wertschöpfung), Lehrtätigkeit.

**10. Welche Funktionen sprechen Sie an?**

Koordinationsaufgaben, Marktanalysen mit Umsetzungsempfehlungen, Einsatzteams für Krisen oder komplexe Projekte, Consulting, Coaching, Business Development, Technologietransfer, Markteinführung eines komplexen Produkts oder eines neuen Prozesses, Scharnierfunktion auf anspruchsvollem Niveau.

**11. Was wünschen Sie sich an Ihrem 80. Geburtstag zu hören, wenn eine Ihnen nahestehende Person eine Geburtstagsrede für Sie hält?**

Es war nie langweilig mit dir. Wir sind stolz, dich zu kennen. Du bist ein Vorbild. Du hast uns sehr inspiriert. Wir wollen so werden wie du. Du hast immer dein Leben gelebt.

---

Nehmen Sie sich Zeit, um dieses Papier zu erarbeiten. Trauen Sie sich, auf den ersten Blick Unrealistisches zu nennen! Lassen Sie einige Tage vergehen, um sich dann noch einmal mit der Beantwortung der Fragen auseinanderzusetzen.

# PRÄSENTATION

… oder warum Sie Ihre PERSÖNLICHKEIT sichtbar machen und selbst zur Marke werden müssen.

**Freude,
Empathie,
Selbstbewusstsein**

Orange ist die Farbe des Selbstbewusstseins und der kreativen Ausdruckskraft, des Wirkens der Wärme und der Strebsamkeit, der Kraft und des Tatendrangs.

Majestät – das ist der passende Ausdruck, befindet man sich zwischen grandiosen, bis 4000 Meter hoch ragenden Gipfeln und riesigen Flüssen, die wie Lebewesen aus der Urzeit in Superzeitlupe durch selbst geschaffene, mächtige Täler fliessen. Und irgendwo in dieser Welt, so klein wie Punkte, stehen wir Menschen. Klein, aber je nach Persönlichkeit gut wahrnehmbar. Kommen Sie mit auf die Gletscher am Fusse des Piz Bernina und staunen Sie mit mir.

**Schmelzwasserpfützen auf dem Eis sind die bevorzugten Lebensräume der Gletscherflöhe.**

Zwischen zwei Spalten bleibt der Bergführer auf einmal stehen. Er bückt sich und kratzt mit dem Eispickel vorsichtig etwas Schnee weg, der ein kleines Wasserloch auf dem Gletscher bedeckt. «Siehst du?», sagt er, «siehst du diese vielen kleinen Punkte im Wasser, die sich bewegen?» Ich gehe näher ran und beuge mich vor: tatsächlich! Winzige schwarze Flecken, aufgereiht wie an einer Schnur, fliessen in eine andere Ecke des Wasserlochs, das so gross ist wie ein Suppenteller und auch in etwa gleich tief. Ist das Russ? Sind das mikroskopisch kleine Steine? Ich habe keine Ahnung.

Der Bergführer verrät es mir: «Gletscherflöhe.»

Gletscherflöhe? Tierchen im Eis? Ehrlich gesagt: Andere Lebewesen ausser uns habe ich auf diesem Gletscher nicht erwartet.

«Das sind sogenannte Springschwänze, spezialisiert auf die Bedingungen hier. Sie können bei Temperaturen bis zu minus 20 Grad Celsius aktiv bleiben, weil sie in ihrer Zellflüssigkeit über viel Zucker verfügen. Das wirkt wie ein Frostschutzmittel.»

Ich bin ganz Ohr, der Bergführer hat meine volle Aufmerksamkeit.

«Die Gletscherflöhe bewegen sich mittels einer Sprunggabel fort und können mehrere Jahre alt werden. Wahnsinn, nicht wahr?»

Allerdings. Ich blicke mich auf dem Gletscher um: Der Wind pfeift mir um die Ohren, ansonsten nur Eis, Schnee, Wasser und Steinbrocken vor der Kulisse majestätischer Berge. Und an solch einem Ort, zweifellos wunderschön, aber langfristig wohl eher überlebensfeindlich, existieren diese kleinen Kerle munter vor sich hin.

Als würde der Bergführer meine nächste Frage bereits kennen, wendet er sich mir erneut zu und sagt: «Der Wind weht winzige Pflanzenreste oder Pollen auf den Gletscher. Das macht einen Teil ihrer Nahrung aus. Auch weiden sie gern Schneealgen ab. Das sind rot gefärbte Pflanzen, die den Schnee leicht blutig färben.»

Ich komme nicht aus dem Staunen heraus. Einerseits wundere ich mich über diese Gletscherflöhe. Unglaublich, wie sie sich an ihren Lebensraum angepasst haben. Und ich bin auch etwas über mich selbst überrascht:

Schritte zum Erfolg 9:

**Der Weg zur Persönlichkeit: Leben Sie! Erleben Sie! Fördern Sie sich! Erweitern Sie Ihre Möglichkeiten! Nutzen Sie Ihre Ressourcen! Üben Sie Mitbestimmung! Geniessen Sie! Kommunizieren Sie! Hören Sie zu! Beobachten Sie! Beachten Sie! Loben Sie! Urteilen Sie! Verurteilen Sie nicht! Entwickeln Sie Prioritäten! Setzen Sie sich Ziele! Entscheiden Sie! Nutzen Sie Synergien!**

Hinter mir reckt sich mein Traumberg in die Höhe, der Piz Bernina, der höchste Gipfel Graubündens, ein majestätischer Anblick, gigantisch, kraftvoll, vollendet schön – aber momentan habe ich nur Augen für zwei Millimeter grosse Gletscherflöhe, knie mich hin, lasse mich von ihnen verzaubern, als wären sie vergleichbar mit einem 4000er!

Und nicht zuletzt staune ich auch über meinen Bergführer Urs Tinner. Ich kenne ihn, da wir einige Jahre zuvor zusammen auf dem Piz Palü und dem Piz Morteratsch waren, den Nachbarbergen des Piz Bernina. Er liest den Gletscher wie ein offenes Buch, lächelt auf mein Kompliment hin, dass er unglaublich viel wisse, und sagt: «Weisst du, Riet, ich werde älter, die Jüngeren rücken nach. Ich werde in Zukunft vermehrt Gletscherwanderer führen und *mein Alleinstellungsmerkmal* ist, dass ich fast alle Fragen beantworten kann. Den Leuten gefällt das», sagt er.

Ich nicke: «Mir auch.»

### Eine unsichtbare Visitenkarte

Bevor wir bei den Gletscherflöhen ankamen, waren wir schon dreieinhalb Stunden unterwegs. Startpunkt war die Bergstation der Diavolezza. Danach folgte der Abstieg zum Persgletscher. Nicht ganz einfach, vor allem über die Seitenmoräne hinab, wo ich auf dem Geröll und Schutt mehrmals ausrutschte. Als wir dann auf dem Gletscher anlangten, ging es leichter, mit meinen Bergschuhen fand ich auf dem Eis und Schnee besseren Halt als zuvor. Und ab jenem Moment konnte ich deshalb dieses einmalige Naturspektakel auch voll und ganz geniessen. Die Dimensionen sind gewaltig: Fünf Milliarden Tonnen Eis bewegen sich hier über eine Distanz von zwölf Kilometern träge zu Tal. Um die 1100 Höhenmeter von der Bergstation zum Persgletscher und weiter über den Morteratschgletscher zu bewältigen, sind absolute Trittsicherheit und genügend Kondition gefragt. Und sicherheitshalber auch ein Bergführer.

Meiner geht gemessenen Schrittes voran, prüft den Schnee, die Spalten, er hat seine Augen offen und plaudert gleichzeitig auch noch mit mir. Er erfüllt alle Erwartungen, die ich an einen Bergführer habe. Er hat mir auch längst schon seine Visitenkarte abgegeben. Damit meine ich nicht das rechteckige Halbkartonteil, das an die Begegnung mit einer anderen Person erinnern soll, sondern seine Persönlichkeit. Er beeindruckt mich. Mit seiner ruhigen, sicheren Art führt er mich über das Eis, versorgt mich mit interessanten Informationen und lässt in keinem Augenblick einen Zweifel daran, dass er sich zu 100 Prozent auf einem Terrain bewegt, auf dem er sich auskennt. Und auf dem er deutlich mehr sieht, als ich mir vorstellen kann – nicht nur in Bezug auf Spalten oder Gletscherflöhe, sondern auch in Bezug auf mich.

Ein Mal nämlich, nur ein einziges Mal, wählte ich auf dem Abstieg auf der Gletschermoräne einen eigenen Weg. Höchstens für zwei oder drei Meter. Also eine Kleinigkeit im Vergleich zur gesamten Route. Und obschon er vor mir her ging und mich deshalb nicht sehen konnte, muss er das dennoch irgendwie gespürt haben. Denn er drehte sich um, lächelte mir freundlich zu und erklärte mit sanfter Stimme, was Sache sei. Nämlich dies: Er gehe voraus, ich hinterher. Er führe, ich folge. Er sagte es mit ganz freundlicher Stimme, sodass ich zuerst noch widersprechen wollte. Oder zumindest darauf hinweisen, dass ich doch nur gerade für zwei mickrige Meter einen anderen Weg genommen hätte. Doch dann liess ich es bleiben, denn trotz der Freundlichkeit in der Stimme schwang da noch ein Unterton mit, der keine Widerworte duldete. Ich verstand. Die Rollen waren geklärt: Er übernimmt die Verantwortung für mich, deshalb habe ich mich zu fügen.

Ich respektierte Führer und Vorgesetzte immer dann, wenn ich von ihnen überzeugt war. Genauso muss ein Bergführer überzeugen. Es geht in den Bergen um viel, manchmal auch um Leib und Leben. Er muss nicht andauernd erwähnen, dass er die Situation im Griff hat. Er muss mir dieses Gefühl aber ohne Unterlass vermitteln. Und dann, wenn es zählt, zeigen, dass er immer den nächsten Schritt kennt. Das gibt mir Sicherheit. Meine Anstrengung wird dadurch nicht kleiner: Ich muss den Weg immer noch selber gehen. Aber ich weiss, dass ich das Ziel, dank seiner Hilfe, ganz bestimmt und heil erreichen werde.

## Wie ein Bergführer

Auf dem Gletscher bin ich es, der sich dem Bergführer anvertraut. In meiner Tätigkeit als Outplacement-Berater war es umgekehrt. Entlassene Manager vertrauten sich mir an. Im Gegensatz zu mir, der zum Vergnügen über den Gletscher geht, kamen meine Kandidaten aber nur in den seltensten Fällen freiwillig zu mir. Und auch kaum einer war frohen Mutes und freute sich darüber. Im Gegenteil: Fast alle waren am Boden zerstört, ratlos, verschreckt, ohne Selbstvertrauen und Perspektive, ohne Vision

Ein Bergführer muss nicht sagen, dass er die Lage stets unter Kontrolle hat, er muss es ausstrahlen.

Schritte zum Erfolg 10:

**Freundlichkeit ist eine positive Charaktereigenschaft!**

und Kraft und deshalb nicht in der Lage, bildlich gesprochen, überhaupt einen Schritt in irgendeine Richtung zu machen.

Für das Erscheinungsbild meiner Outplacement-Firma verwendete ich in den ersten zehn Jahren deshalb nicht ganz zufällig die Bilder, die ich gerade jetzt real vor mir habe, nämlich prächtige Berge und einen Bergführer. Genau gleich betrachtete ich unsere Aufgabe, die lautete: mit der Sorgfalt und Umsicht eines Bergführers die Kandidaten an ein stimmiges Ziel führen.

Hatte ich dann mit meinen Kandidaten die ersten beiden Gipfel erklommen, nennen wir sie spasseshalber Piz Reflexion und Piz Vision, folgte ein Bergspitz, der nach meiner Erfahrung von erstaunlich vielen Führungskräften entweder gar nicht wahrgenommen wurde oder gar als unbesteigbar galt: der Piz Präsentation.

## Auf dem «Piz Präsentation»

Natürlich wissen Sie, was ich meine, wenn ich sage: Der erste Eindruck zählt. Das ist nichts Neues, das hat seine Gültigkeit und das muss ich hier auch nicht ausführen. *Machen Sie deshalb etwas aus sich*, investieren Sie in Kleidung und Haarschnitt und so weiter, Sie wissen schon. Das ist das Eine. Ich ziele auf etwas anderes.

Es beginnt zwar mit der gleichen Aufforderung, meint aber etwas sehr viel Wesentlicheres: Machen Sie etwas aus Ihrem Typ. Sie sind nämlich ein Typ, ob Sie das wollen oder nicht. Mit Stärken und Schwächen. Mit Ecken und Kanten, mit Fähigkeiten und Fertigkeiten.

Stellen wir uns mal diese Fragen:
- Was für ein Kaliber bin ich?
- Welches Format habe ich?
- Worin bin ich eine Kapazität?
- Welche Exklusivität biete ich?
- Was ist mein Niveau?
- Wo setze ich Standards?

Ich habe bei dieser Aufzählung bewusst starke Begriffe gewählt. Denn einzigartig sind wir alle, zuverlässig natürlich auch, teamfähig sowieso. Blutleere Begriffe, zu oft benutzt, deshalb abgeschliffen und nichtssagend.

Beherzigen Sie das:

**Unsere Gegenüber haben keine Zeit. Überzeugen Sie deshalb in einem Sekundenbruchteil!**

Darum müssen wir genauer hinsehen, um mit unserer Eigenvermarktung präzis zu sein. Schärfen Sie ihr Profil, formulieren Sie konkret, was Sie sind, was Sie können, was Sie wollen. Glauben Sie mir: Ich würde das hier nicht erwähnen, wenn ich in meiner Beratertätigkeit nicht unzählige Beispiele von Führungskräften erlebt hätte, die in keiner Weise ein klares, verständliches Bild von sich abgeben konnten. Sie können sich gar nicht vorstellen, wie unprofessionell sich Kaderleute zuweilen präsentierten, die keine Scheu hatten, an einer neuen Stelle ein Salär von einer halben Million Franken oder mehr zu verlangen – aber ratlos schwiegen, wenn man zurückfragte, was sie denn dafür konkret zu bieten hätten.

Zum Teil konnte ich es ja nachvollziehen: Diese Führungskräfte waren ein Dutzend oder mehr Jahre in einer Firma tätig, mussten täglich entscheiden, begründen, vorausgehen – aber sie mussten sich selbst nie verkaufen. Sie hatten das nie gelernt. Sie hatten sich ebenso wenig überlegt, was sie zu bieten hatten. Sie funktionierten einfach. Und nun, auf einmal, sollten sie sich bemühen, eine perfekte Bewerbung zu schreiben? Wozu, fragten sie sich? Schliesslich, so ihr Selbstbild, hatten Sie einen Leistungsausweis vorzuweisen, der für sich selber sprach.

Tja. Das ist wohl unser aller Traum. Dass wir, wenn es drauf ankommt, Leuten begegnen, die ebenso vom Fach sind wie wir und sofort unsere Talente erkennen, ohne dass wir viele Worte darüber verlieren müssen. Aber das ist nun mal nicht die Regel. Selbst der Piz Bernina und seine Gletscherwelt müssen immer wieder neu erfunden werden. Kaum zu glauben, oder? Ist aber so. Dieser Augenschmaus, dieses – zumindest für mich – wundervolle Stück Natur, diese Postkartenansicht aus Schnee und Fels, diese reizvolle Verbindung aus Stärke und Anmut, muss stets aufs Neue vermarktet werden. Aktuell sind es die Gemeinden Pontresina und Valposchiavo, die das nun englisch benannte Gebiet «Bernina Glacier» neu inszenieren, damit daraus eine Attraktion von internationaler Ausstrahlungskraft wird. Und die zugehörigen Tourismusorganisationen der beiden Orte haben sich zum Ziel gesetzt, einfach, knackig und schnell zu kommunizieren, damit die Botschaft vom Erlebnis möglichst rasch ein grosses Publikum anspricht.

Sie wissen, worauf ich hinaus will: Wenn ein Gebiet, das von Natur aus schon als einzigartig und ziemlich konkurrenzlos gilt, immer wieder in Szene gesetzt werden muss, dann gilt das erst recht für Stellensuchende auf dem Markt der Führungskräfte, wo die Konkurrenz riesig ist.

## Der beratungsresistente Wissenschafter

Eine überzeugende Bewerbung ist notwendig, um überhaupt die Chance zu erhalten, sich einem neuen Arbeitgeber zu präsentieren. Aber was, wenn jemand sich partout nicht für eine überzeugende Bewerbung interessiert?

Eines Tages landete bei uns ein 52-jähriger Akademiker. Er war viele Jahre bei einer Firma angestellt, die Präzisionsinstrumente herstellte und in der ganzen Welt vertrieb. Ein äusserst gescheiter Kopf, hell wie sonst niemand, dem ich begegnet bin. Einer, der je einen Doktortitel in Physik und Chemie hatte. Die nützten freilich nichts, als ein neuer CEO kam. Er landete auf der Strasse, weil er dem neuen Führungsmann zu langsam und zu kompliziert war. Unser Wissenschafter war am Boden zerstört. Er war sich sicher gewesen, bis zu seiner Pensionierung in der Firma bleiben zu können, denn immerhin hatte er einige Entwicklungen initiiert und sogar Erfindungen für das Unternehmen gemacht, die auf dem globalen Markt zu Wettbewerbsvorteilen geführt hatten. Etwas mehr Dank hätte er dafür schon erwartet.

Sein Selbstvertrauen war nach der Entlassung deshalb erschüttert. Als er den Auftrag erhielt, seinen Lebenslauf zu schreiben, zeigte sich auch mir seine zu detailverliebte und perfektionistische Ader. Sein CV bestand aus fünfeinhalb Seiten, vollgeschrieben mit winziger Schrift, die bis an sämtliche Blattränder reichte – und damit mindestens dreimal so lang wie ein gut gemachter Lebenslauf üblicherweise sein sollte. Und mindestens fünfmal so kompliziert. Ich bin nicht auf den Kopf gefallen, aber ich musste das Ding mehrere Male lesen, um einigermassen das Wichtigste zu verstehen. Unser Wissenschafter hatte jede Kleinigkeit aus seinem Studium und seiner Arbeit aufgeführt, auch jede Publikation in irgendwelchen Magazinen, von denen ich noch nie im Leben gehört hatte, akkurat aufgelistet.
«Es tut mir leid, aber Sie müssen massiv kürzen», sagte ich an der nächsten Sitzung.
Er blieb ungerührt: «Wissen Sie, Herr Grass, ich bin Wissenschafter. Es gehört dazu, dass ich gründlich auflistre, was ich je gemacht habe.»
«Sie müssen dennoch kürzen!»
«Nein. Ich bin einzigartig in meinem Fach. Ich könnte sogar noch mehr Details aufführen und die Aufgeführten noch weiter ausführen.»
«Na, gut, dann schreiben Sie doch eine Seite mehr, wenn Sie glauben, dass das Ihre Chancen auf dem Markt erhöht.»

Selbst eine Postkartenansicht wie diese muss immer wieder und stets aufs Neue vermarktet werden.

Beherzigen Sie das:

**Eine Persönlichkeit übernimmt Verantwortung!**

«Machen Sie sich nicht über mich lustig.»
«Entschuldigen Sie, ich will mich nicht lustig machen. Kürzen Sie einfach! Glauben Sie mir! Ein CV über fünfeinhalb Seiten funktioniert nicht.»
«Das kommt nicht infrage! Ich wüsste beim besten Willen nicht, wo ich mit Streichen beginnen sollte.»
«Mit diesem CV, das müssen Sie sich bewusst sein, werden Sie keine Stelle finden», erklärte ich ihm.
«Welchen Ton erlauben Sie sich?», eiferte sich der Wissenschafter. «Ich bin ein Experte! Ich bin gefragt! Verstehen Sie das nicht?»

Ich seufzte innerlich. Er war komplett beratungsresistent. Also beschloss ich, ihn fürs Erste ins Messer laufen zu lassen. Er vervollständigte seine Bewerbung wie angedroht und begann diese fleissig zu versenden.

Natürlich reagierte niemand positiv. Nach einer Weile liess er deshalb wieder mit sich reden und kürzte seinen Lebenslauf. Ich hatte unterdessen mit einem ähnlichen Fall eines Wissenschafters auf Stellensuche zu tun. Mit diesem konnte ich eine klare, knappe, attraktive Bewerbung hinkriegen, die ich dann auch als Vorlage für meinen komplizierten Akademiker verwendete. Diesmal klappte es mit Einladungen zu Gesprächen. Er konnte sich an mehreren Orten vorstellen. Natürlich tat er das so, wie ich befürchtet hatte: sehr kompliziert und detailversessen. Sobald er nicht unter meinen Fittichen war, schlitterte er sofort wieder ins alte Muster.

Egal. Wir machten weiter.

### Übung macht den Meister

Wir setzten in unserer Beratung natürlich oft auch Videotraining ein, nicht nur beim erwähnten Akademiker. Zahlreiche Kandidaten machten jedoch vor der Kamera eine derart schlechte Figur, dass sie es kaum aushielten, sich dann selber zuzuschauen. Sie merkten von allein, dass sie alles andere als brillant waren und hart an sich arbeiten mussten. Der Knackpunkt war meistens, wenn ich Sie während des Interviews aus heiterem Himmel mit der Frage konfrontierte: «Was waren die Höhepunkte in Ihrem Leben?» Die richtige Antwort wäre eine kurze, prägnante Aufzählung gewesen, die auf spannende Art und Weise auf den Punkt kam. Stattdessen folgte meistens dies: laut ausgesprochene, unstrukturierte Gedanken, ein 15-minütiges Geschwätz, in welchem sich der Kandidat mehrfach widersprach. Zuhörer schalten da natürlich sehr rasch ab.

**PROTOKOLL**

# Der zweifache Punktsieg des Meinrad H.

**Meinrad H. ist nach 25 Jahren treuer Mitarbeit sehr verzweifelt, als er entlassen wird. Seine grösste Sorge: Wie findet man eine neue Stelle, wenn man schon beinahe pensioniert ist.**

57-jährig war der Marketing- und Verkaufsleiter der Pharmafirma, als diese durch einen ausländischen Grosskonzern übernommen wurde. Sein neuer Vorgesetzter sprach rasch Klartext: «Durch diese Übernahme entstehen sehr viele Doppelspurigkeiten. Wir brauchen das Management der alten Firma deshalb nicht mehr. Unsere erfahrenen und kompetenten Führungskräfte machen von jetzt an diesen Job. Wir müssen Sie leider entlassen.» Meinrad H. brach nach dieser Nachricht psychisch zusammen.

Er bekam es sofort mit der Angst zu tun, da er noch Kinder in der Ausbildung hatte. Zudem war er sicher, wegen seines fortgeschrittenen Alters gar nie mehr eine Festanstellung zu finden. Glücklicherweise hatte das ursprüngliche Management der Firma für die älteren Mitarbeitenden aber eine verlängerte Kündigungsfrist von einem Jahr herausgeschlagen, sodass wir genügend Zeit hatten, um das Projekt der Stellensuche mit Meinrad H. sorgsam und achtsam anzugehen.

Die Ausgangslage stimmte: Die Eigenkapitalbilanz von Meinrad H. war attraktiv. Neben seiner Kompetenz in der Pharmabranche konnte Meinrad H. zusätzlich beste Marketing-und Verkaufskenntnisse präsentieren. Darüber hinaus pflegte er hervorragende Kundenkontakte und gute Beziehungen zu seinen Partnern.

Meinrad H. hatte ferner Erfolge im Führen und in der Kommunikation vorzuweisen, ausserdem durfte er auf beispielhaft gute Umsatzzahlen zurückblicken.

Mit diesem Leistungsausweis brauchte er sich auf dem Markt nicht zu schämen. Was ihm aber grosse Sorgen bereitete, war ein professioneller Auftritt, um sich potenziellen Arbeitgebern zu präsentieren. Schliesslich hatte er sich 25 Jahre nicht mehr bewerben müssen. Wie konnte er sich mit 57 Jahren attraktiv darstellen? Meinrad H. war ratlos.

Ich hingegen war von Anfang an von seiner gewinnenden Art, seiner Empathie und der sympathischen Persönlichkeit angetan und war mir sicher, dass es für ihn einige gute Möglichkeiten geben würde. Meine Zuversicht behielt ich aber vorerst für mich.

Wir erstellten zunächst Kompetenzprofile und Persönlichkeitsdiagramme und nahmen danach eine profunde Potenzialeinschätzung vor. Die Auflistung seiner Erfolge hoben sein Selbstwertgefühl. Diese positiven Aspekte, gepaart mit den wertvollen Kontakten zu seinen Kunden und Kooperationspartnern, versprachen noch mehr Chancen bei der Suche.

Wir erstellten daraufhin ein exklusives Personaldossier, in welchem die Erfolge und Fähigkeiten von Meinrad H. höchst professionell transportiert wurden. Zudem verbrachten wir viel Zeit damit, ihn mittels Video auf die Bewerbungsgespräche vorzubereiten.

Schliesslich war er bereit: Seine Bewerbungen gingen raus. Natürlich musste Meinrad H. daraufhin mehrere Absagen verkraften. Aber er hielt sich an unseren Merksatz: «Wer aufgibt, verliert. Wer nie aufgibt, gewinnt.»

Meinrad H. intensivierte seine Netzwerkarbeit, und sieben Monate nach seiner Kündigung meldete sich ein ehemaliger Kunde bei ihm. Dieser erklärte, das CV, die Erfolgsnachweise und die Kompetenzprofile hätten ihn positiv angesprochen. Es kam zum Gespräch, und Meinrad H. wurde danach als Geschäftsführer eingestellt.

Die Sorgen unseres Kandidaten erwiesen sich im Nachhinein also als völlig unnötig. Und sein neuer Arbeitgeber übernahm nicht nur einen erfahrenen, sondern auch einen sehr motivierten Topmann, der sich, glücklich über die Chance, mit allergrösstem Engagement für den Erfolg der neuen Firma einsetzte.

Aber: Übung macht den Meister, und spätestens nach der dritten Arbeitssitzung mit bewegten Bildern waren die Kandidaten bestens auf ein Bewerbungsgespräch vorbereitet. Es war erstaunlich, welch grossen Weg einige zwischen dem ersten und dem dritten Videotraining zurückgelegt hatten.

Auch unseren Wissenschafter haben wir vor die Kamera gestellt und ihn in seiner Kompliziertheit gespiegelt. Ich erinnere mich, dass es ein sehr hartes Stück Arbeit war, ihn zu einer einfachen, kurzen, wahrheitsgetreuen Präsentation zu bewegen. Aber nach einigen Durchläufen war er so weit: Er schaffte es, sich seiner Umwelt auf relativ einfache und gut verdauliche Art verständlich zu machen.

Sieben Monate nachdem er bei uns erstmals aufgetaucht war, fand er seine neue Stelle. Diese war zwar weniger gut bezahlt, passte aber bestens zu ihm: Er wurde Forscher an einer Universität, wo er sich fortan voll entfalten konnte. Heute ist er glücklich in seiner Arbeit und lässt auch ab und zu etwas von sich hören, unter anderem sagt er auch, wie dankbar er dafür ist, dass wir mit ihm an seiner Präsentation gearbeitet haben.

Einmal mehr: Sein Scheitern wurde zu seinem Glück. Und ja, es ist schon so: Outplacement bedeutet manchmal auch ein gutes Stück Persönlichkeitsentwicklung für den Kandidaten.

## Von Krieg und Gefangenschaft

Vor 900 Jahren, so weit reichen die ersten schriftlichen Zeugnisse zurück, führten Bergbauern am Grossen St. Bernhard Pilger und Händler gegen Entgelt über die Alpenpässe. Sie waren wohl die ersten Bergführer, auch wenn der Begriff erst mit dem einsetzenden Alpinismus im 18. Jahrhundert geboren wurde, als Leute der gehobenen Gesellschaftsschicht einheimische Führer und Träger suchten, die sich durch Ortskundigkeit, Mut und Stärke auszeichneten.

«Welches war denn deine schlimmste Tour?», will ich von meinem Bergführer wissen, als wir eine Rast einlegen.
«Die Schlimmste?» Er überlegt einen kurzen Augenblick, bevor er zu erzählen beginnt: «Das war mit einem 76-jährigen Deutschen. Wir starteten in der Nacht um Viertel nach drei auf der Tschierva-Hütte, stiegen über 1500 Meter hoch und gelangten über den Bianco-Grat auf den Piz Bernina,

---

Schritte zum Erfolg 11:

**Offenheit führt zu Vertrauen, Vertrauen zu Verantwortung und Verantwortung zu Bindung und Nachhaltigkeit!**

Beherzigen Sie das:

**Trainieren Sie Ihre Haltung!**

von wo wir hinüber zum Piz Palü kletterten. Da wir ziemlich langsam vorankamen, schlug ich vor, vom Palü auf die italienische Seite in eine nahe Hütte abzusteigen. Aber mein Gast wollte das nicht. Stattdessen erzählte er mir davon, dass er schliesslich im Krieg gekämpft hätte und durchaus in der Lage sei, etwas auszuhalten. Also stiegen wir die vorgesehene Route hinunter. Dabei verletzte er sich mit dem Eispickel am Oberschenkel. Als wir die Blutung gestillt hatten, schlug ich vor, den Helikopter zu rufen. Aber auch das schlug er aus, erklärte, dass er nach dem Krieg jahrelang in Gefangenschaft gewesen sei und deshalb durchhalten könne, und schliesslich schleppten wir uns über den Persgletscher hoch zur Diavolezza. Abends um Viertel nach acht waren wir schliesslich am Ziel.»

Ich rechne nach: «Ihr wart 17 Stunden unterwegs.»

«Ja, und ich musste ihm dann schon noch sagen, dass wir uns nicht mehr im Krieg befänden; dieser sei schon seit geraumer Zeit vorbei.»

«Aber dein Beruf gefällt dir trotzdem, oder?», frage ich.

Seine Antwort kommt sehr überzeugt: «Aber ja, natürlich! Ich vermarkte ein Produkt, das ich selber gestalte: sicher unterwegs sein in den Bergen. Ich liebe meine Arbeit. Meine Selbstbestimmung ist hoch. Ich lebe ein sehr freies Leben.»

## Was ist eine Persönlichkeit?

Urs Tinner kraxelte schon immer gern auf die Gipfel hoch, aber nach seiner Matura begann er dennoch in der Zollverwaltung zu arbeiten. Eine sichere Anstellung war damals wichtig. Mit der Zeit merkte er jedoch, dass seine Passion doch nur allein den Bergen gehörte. Er folgte dem Drang und liess sich zum Bergführer ausbilden. Seine Kollegen aus der Verwaltung, die weiterhin im Büro sassen, bewunderten ihn dafür.

Eine Persönlichkeit ist innen genau das, was man von aussen sieht.

Was macht denn eine Persönlichkeit aus? Kann man lernen, eine Persönlichkeit zu werden? Ich sehe das so: *Eine Persönlichkeit ist ein Mensch, der wirkt.* Der innen genau das ist, was man von aussen sieht. Eine Persönlichkeit hat eine Meinung, sie hat Ecken und Kanten und keine Angst. Denn eine Persönlichkeit zeichnet sich dadurch aus, dass sie frei ist. Eine Persönlichkeit hat ebenso auch eine Haltung. Diese stülpt man sich nicht über wie ein Kleidungsstück. Haltung kommt aus einem heraus. Nur dann ist sie authentisch. So wie ein Berg authentisch ist.

Der Mensch wirkt dann am stärksten, wenn er natürlich und echt ist und keine Rolle spielt.

Sie wissen unterdessen, dass ich eine Schwäche für Wortspielereien habe. Eine Persönlichkeit macht deshalb auch all dies aus:

P   Power, um die hohen Ziele zu erreichen
E   Erfolg, privat und beruflich
R   Reflexion, mit sich im Kontakt sein
S   Strategie, um das Leben anzugehen
Ö   Öffnung, um aufmerksam zu sein
N   Natürlichkeit, um zu wirken
L   Liebe zu sich und zur Umgebung
I   Individualität, um den eigenen Weg zuzulassen
C   Charakter, echte eigene Werte als Basis
H   Herzlichkeit, die Basis, um Vertrauen zu gewinnen
K   Kompetenz, der Wille, seine Sache gut zu machen
E   Energie, um durchzuhalten
I   Ideen, um mit Fantasie und Kreativität zu begeistern
T   Treue zu sich, den eigenen Zielen und Partnern

Der deutsche Professor Michael Jung formuliert es so: «Man bleibt so lange Charakterdarsteller, bis man die eigene Persönlichkeit gefunden hat.» Suchen Sie sich Vorbilder oder erinnern Sie sich an solche und nehmen Sie sich, was Sie an diesen Menschen für gut befanden. Was Sie nicht tun sollten, ist kopieren. Mit anderen Worten: *In Ihnen steckt eine Persönlichkeit. Machen Sie sich auf die Suche nach ihr!*

### Der Weg zur Marke

Ich hatte einen Kandidaten, der von seiner Ausbildung her nicht gerade punkten konnte. Er war kaufmännischer Angestellter, was in der Regel nicht ausreicht, um auf Top-Niveau Karriere zu machen. Aber er hatte etwas anderes: Persönlichkeit. Nach vielen Jahren auf einer Bank, wo er im Handel tätig war, stand bei ihm eine Neuorientierung an.

Als ich ihn zum ersten Mal traf, fielen mir sofort seine energiegeladene Ausstrahlung und sein authentischer Auftritt auf. Ich habe weiter oben vom komplizierten Akademiker erzählt. In diesem Fall lagen die Dinge ganz anders. Schon der amerikanische Philosoph Waldo wusste: «Der Erfolg eines Menschen ist immer im Grundgefüge seiner Persönlichkeit begründet.» Mein Kandidat hatte von «Dr. Alltag» gelernt, meines Erachtens der beste Lehrmeister überhaupt. Er hatte Krisen durchgemacht, die

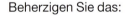

Beherzigen Sie das:

**Eine Persönlichkeit ist innerlich frei!**

PROTOKOLL

# Der Umweg des Alberto S. ins Depot

**Die Börsenkrise raubt Alberto S. mit 49 Jahren seinen Job als Börsenhändler. Was danach kommt, hört sich an wie ein Märchen. Es macht Mut zu sehen, was möglich ist dank Intuition und Empathie.**

Schon als kleines Kind träumte Alberto S. von der Arbeit als Tramführer. Aber seine Familie, aus Italien eingewandert, wollte ihm eine bessere Ausbildung ermöglichen. So absolvierte Alberto S. eine kaufmännische Lehre.

Nach anfänglichen Schwierigkeiten fand sich Alberto S. mit seinem Bankjob immer besser zurecht. Dank seinem grossen Einsatz und seiner Zuverlässigkeit entwickelte sich seine Karriere positiv. Mit 25 Jahren war er bereits Börsenhändler. Und das sollte er auch die nächsten 24 Jahre bleiben, bis an einem ominösen Morgen die Börse krachte und Hunderte von Stellen innerhalb der Bank abgebaut werden mussten. Alberto S. traf die Kündigung sehr. Er als langjähriger, treuer Mitarbeiter mit einer enorm hohen Bindung zu seinem Arbeitgeber begriff die Welt nicht mehr.

In unseren Beratungsgesprächen wiederholte er häufig, dass er nie mehr in einer Bank arbeiten wollte. Das war knifflig. Denn als Börsenhändler hatte er nicht sehr viele andere Optionen.

Doch dann ging eine Tür auf, und sein Traum aus Kindheitstagen, Tramführer zu werden, rückte in den Fokus. Aber wie sollte ein Banker denn Tramführer werden? Einem Banker traute in der Industrie doch niemand viel zu. Alberto S. fand die Aufgabe unlösbar: Wie sollte er den städtischen Verkehrsbetrieben glaubhaft machen, dass er vom Banker mit hohem Salär zum einfachen Tramführer absteigen wollte? Wie sollte er plausibel vermitteln, dass er auch langfristig mit einem niedrigen Gehalt pflichtbewusst Trams führen würde? Wie sollte er überzeugend darlegen, dass die Erfüllung seines Traumes sein grösstes Ziel war und alles andere weniger zählte?

Alberto S. fand den richtigen Weg. Er begann mit der Recherche vor Ort. Einen Monat lang führte er im Tramdepot unzählige Gespräche mit Tramführern, fragte, was bei diesem Job am wichtigsten sei und worauf die Personalabteilung und die Instruktoren bei neu eingestellten Mitarbeitern am meisten Wert legen würden.

Wir konnten feststellen, dass Alberto S. sich immer mehr seiner Stärken bewusst wurde, die ihm für die Präsentation dienlich waren: Seine totale Zuverlässigkeit, sein hohes Sicherheitsbedürfnis als Börsenhändler und seine langjährige Treue zu seinem Arbeitgeber waren Argumente, die aus ihm auch einen loyalen, pflichtbewussten Tramführer machen sollten.

Zwei Wochen arbeitete er hart an seiner Bewerbung, reichte diese mit den entsprechenden Beilagen und zusätzlich mit einem, wie wir es nennen, «Weltmeisterbrief» an den Personaldienst der Verkehrsbetriebe ein. Prompt wurde er zum Gespräch eingeladen. Auf diese Gelegenheit bereitete er sich wiederum mit uns während zweier ganzer Tage vor. Er hatte nicht vergessen, dass wir stets betont hatten: Eine perfekte Vorbereitung ist der Schlüssel zum Erfolg.

Alberto S. überstand die erste Hürde, erhielt Fahrschule und bestand die Fahrprüfung auf Anhieb. Er ist nun schon seit mehreren Jahren auf den städtischen Tramgleisen unterwegs. Und mir bleibt nur zu sagen: Gut, ist er bei der Bank gescheitert. Das hat aus ihm einen glücklicheren Menschen gemacht.

sein Inneres stärkten. Sein Grundgefüge stimmte, er hatte eine gesunde Verbindung zu sich selbst. Dass seine Ausbildung kurz und einfach war, stellte kein Problem dar: Wissen kann man sich auch später aneignen. Wissen sollte man sowieso nicht überschätzen: Ein grosses Fachwissen kann zwar andere Menschen beeindrucken, *aber seine Umgebung nachhaltig überzeugen kann man nur durch seine starke Persönlichkeit und entsprechende Leistung.* Das bestätigt auch der Literat Emile Zola, ein weiterer heller Kopf, den ich zitieren will: «Nichts widersteht, Berge fallen und Meere weichen vor einer Persönlichkeit, die handelt.»

Für den Abstieg vom Gletscher muss der Bergführer Stufen ins Eis schlagen.

Meine Herausforderung bestand bei diesem Kandidaten also nicht darin, ihn aufzubauen. Hier ging es viel mehr um eine perfekte Präsentation. Denn es gibt in den Führungsspitzen viele, die sich bei der Wahl neuer Mitarbeiter nicht auf ihr Bauchgefühl verlassen, sondern die Diplome und Titel eines Bewerbers zählen. Damit konnte mein Kandidat nicht trumpfen. Dank seiner Aufgeschlossenheit und Offenheit aber war es ein Vergnügen, ihn zu einer gewinnenden Präsentation zu bewegen und ihn auf die Interviews vorzubereiten. Als Kompensation für die fehlende Ausbildung verfertigten wir eine Liste seiner Erfolge und Leistungen, dazu stellten wir zusätzlich seine soziale Kompetenz in den Vordergrund, seine Führungsstärke sowie seine ausgesprochene Lösungsorientiertheit. Das Ganze war von Erfolg gekrönt: Der Kandidat brachte es zum Geschäftsführer auf einer Stufe, die im Regelfall nur Leute mit abgeschlossenem Studium erreichten.

## Die Marke Ich

Erfreulicherweise konnte meine Firma über die Jahre immerzu wachsen, was zur Folge hatte, dass ich selber in die Lage kam geeignete Leute zu suchen. Das war stets eine sehr interessante Erfahrung für mich. Zum Beispiel, als ich eines Tages einen Geschäftsstellenleiter suchte. Grundsätzlich wollte ich meine Firma verjüngen. Beim Durchsehen der Bewerbungsdossiers fesselte mich eines durch eine klare, einfache Struktur und starke Argumente. Zuvor, auf der ersten Seite, hatte mir der Bewerber gleich mal mitgeteilt, was ihm an meiner Firma gut gefalle. Er fände das Unternehmen nämlich sehr originell und spannend. Danach folgte eine Liste seiner Kontakte und eine bildliche Darstellung seines Netzwerks. Als ich das alles so sah, stellte ich ihn im Geiste kurzerhand ein. Erst unter dem Punkt «Persönliches» auf der letzten Seite der Präsentation erfuhr ich dann, dass er bereits 56 Jahre alt war.

Schritte zum Erfolg 12:

**Denken Sie daran: Ein NEIN ist keine Absage, sondern eine Mitteilung: Noch Ein Impuls Nötig!**

Verstehen Sie, was ich meine? Diese Bewerbung konnte mich nur überzeugen, weil sie geschickt aufgebaut war. Hätte ich das Alter des Bewerbers grad als Erstes gesehen, wäre das Dossier auf dem Stapel der Absagen gelandet, denn ich wollte ja jüngere Leute einstellen. Ich hätte mir gar nicht die Zeit genommen, weiterzulesen. Deshalb: Das Wichtigste ganz nach vorn!

Was würde ich eigentlich in meine Bewerbung schreiben? Fragen Sie sich das bitte auch selber. In meinem Dossier zum Beispiel würde in einer Einleitung stehen, dass ich erfolgreich eine Restrukturierung einer Firma mit 1500 Leuten durchgeführt hatte, dass ich zwei Drittel der Leute neupositionieren konnte und dass das Ganze ohne negative Presse ablief. Das ist konkret, das sind drei kurze, knackige Erfolgsmeldungen. Formulieren Sie diese am besten auch gleich für sich selbst. Und wenn Sie an sich selbst als eine Marke denken, beherzigen Sie die folgenden sechs Punkte:
1. Seien Sie sich klar über Ihre *Bedürfnisse und Werte*.
2. Benennen Sie Ihre *Kompetenzen*.
3. Formulieren Sie den *Mehrwert*, den Sie anbieten.
4. Betonen Sie Ihre *Taten*, nicht ihre Pläne.
5. Analysieren und pflegen Sie Ihr *Beziehungsnetz*.
6. Seien Sie in jeder Ihrer Aussagen stets *konkret*.

Also: Bauen Sie auf keinen Fall lange und schöne Sätzen, sondern liefern Sie Fakten, die mit Beispielen unterlegt sind. Stellen Sie glänzend dar, was Sie können, und halten Sie sich dabei auf keinen Fall zurück. Finden Sie Adjektive, die Ihre Persönlichkeit exakt auf den Punkt bringen. Glauben Sie mir, ich könnte einen ganzen Abend lang über mich reden. Aber wer will da schon zuhören? Deshalb müssen diese drei Adjektive genügen: energiegeladen, motivierend, führend. Fragen Sie sich immer wieder, was Ihr Gegenüber in einem Satz von Ihnen wissen muss. Wenn ich mich das frage, dann lautet die Antwort: «Ich bin 100 Prozent echt, für meine Kunden gebe ich alles.» Formulieren Sie ausserdem kurz und knackig Ihre Werte. Auch diese vermitteln Ihrem Gegenüber sofort relevante Informationen über Sie. Als Beispiel zwei meiner Werte:
– Hohes Verantwortungsbewusstsein für mich und die mir übertragenen Aufgaben und Handlungen.
– Grosse Freiheitsliebe, da ich exakt das mache, was für mich stimmt.

Viele Menschen sind Teil der Masse. In dieser gehen Sie unter. Wer untergeht, hat keinen Erfolg und kann nicht zufrieden werden. Schwimmen Sie also obenauf, finden Sie die Verbindung zu sich selber und präsentieren Sie das angemessen. *Die Marke ist wichtig.* Machen Sie sich attraktiv, ohne zu übertreiben. Denn nur Authentizität führt zu Vertrauen, Vertrauen wiederum führt zu Verantwortung und Verantwortung schliesslich zu Bindung und Nachhaltigkeit. Das sind die Zutaten für eine lebenserfüllende berufliche Aufgabe, die Sie glücklich macht. *Vergessen Sie deshalb nie, sich wahrhaftig und echt zu verkaufen.* Denn Lügen haben nun mal einfach kurze Beine.

## Orientierung

Ich zeige auf einen Eisbrocken, auf dem eine Steinplatte liegt. Der Bergführer versteht. «Das ist ein Gletschertisch», erzählt er und ergänzt lächelnd: «Das GPS des Bergführers. Zumindest früher.» Er macht eine Pause, die die Spannung dehnt, dann erklärt er: «Die Sonne scheint auf den Tisch und die Platte wirft Schatten aufs Eis. Im Schatten ist die Temperatur geringer als rundherum. Das Eis an der Sonne schmilzt schneller als jenes im Schatten. Deshalb ragt der Brocken, sozusagen der Tischsockel, aus dem Eis heraus.»
«Aber warum GPS?»
«Zur Mittagszeit scheint die Sonne am heissesten. Vor dem Tisch schmilzt das Eis etwas stärker, dadurch neigt sich die Steintafel also der Sonne zu. Und die steht zu Mittag eben im Süden.»

Korrekt. Ich blicke mich einmal mehr um, hoch zum Gletscher und zum Piz Bernina. Was für eine Kulisse! Stark, wie sich die Natur präsentiert. Echter geht es nicht. Und so schliesst sich der Kreis. Seien wir alle etwas mehr Piz Bernina und Morteratsch-Gletscher: stark im Ausdruck und authentisch. Seien wir auch alle ein wenig Bergführer: Sicherheit ausstrahlend und dort souverän, wo unsere Stärken liegen. Das hilft uns, im Leben zu finden, was uns glücklich macht.

Und ganz zum Schluss dieses Kapitels will ich es halten wie der grosse amerikanische Schriftsteller Mark Twain: «Eine gute Rede hat einen guten Anfang und ein gutes Ende – und beide sollten möglichst dicht beieinander liegen.»

Ich hoffe, das mir das hiermit gelungen ist, damit Sie motiviert ins nächste Kapitel steigen können.

**Geschafft! Nach vier Stunden ist das Ende des Morteratschgletschers erreicht.**

**ÜBUNG**

# Was repräsentieren Sie?

## Welche Besonderheiten zeichnen Sie am meisten aus?

**Bringen Sie die zehn untenstehenden Begriffe in die für Ihre Person richtige Reihenfolge. Beginnen Sie die Liste mit der stärksten, enden Sie mit der schwächsten Besonderheit.**

- Kommunikation
- Belastbarkeit
- Systematik
- Führung
- Motivation
- Inspiration
- Kreativität
- Sozialkompetenz
- Energie
- Reflexion

**Und dann ...**
Sie haben Ihre Liste erstellt? Suchen Sie sich drei Gesprächspartner, denen Sie Ihre Reihenfolge darlegen. Hören Sie sich selber dabei zu, wie Sie sich definieren. Erfahren Sie dabei Neues? Und dann lassen Sie zu, dass Ihre Gesprächspartner offen und direkt ihre Kritik und Würdigung der Liste äussern können.
Glauben Sie mir: Es wird Ihnen mehr als nur ein Licht aufgehen!

---

## Beeindrucken Sie beim ersten geschäftlichen Kontakt ...

**... und überlassen Sie nichts dem Zufall! Beantworten Sie die folgenden Fragen und finden Sie heraus, ob Sie auf andere als Persönlichkeit wirken.**

1. Lächeln Sie?
2. Geben Sie sich so, wie Sie sind, und lassen Sie die Sache auf sich kommen?
3. Sind Sie präsent, freundlich, offen und gewinnend?
4. Kleiden Sie sich angemessen, dezent und elegant?
5. Nehmen Sie einen eigenen Standpunkt ein und zeigen Sie Rückgrat?
6. Vermitteln Sie Flexibilität und Authentizität?
7. Stellen Sie kluge Fragen?
8. Fassen Sie sich stets kurz und klar, und respektieren Sie die Zeit Ihres Gesprächspartners?
9. Sind Sie selbstsicher, ohne überheblich zu sein?
10. Können Sie vermitteln, wie viel Sie anzubieten haben, ohne anbiedernd zu sein?
11. Gelingt es Ihnen, sympathisch Ihre Erfolge, Kompetenzen und Stärken zu placieren?
12. Können Sie sich in Ihren Gesprächspartner einfühlen und spüren, was er will?

**Resultat:**
10 und mehr Ja:   Sie dürfen anderen ruhig Ihr Erfolgsrezept verraten, weshalb Sie bei Ihren Gesprächspartnern stets so gut Anklang finden.
9 bis 7 Ja:   Sie sind auf gutem Wege, eine im ersten Augenblick gewinnende Persönlichkeit zu werden.
6 und weniger Ja:   Verzagen Sie nicht, es ist noch kein Meister vom Himmel gefallen. Eine Persönlichkeit wird man. Bleiben Sie dran!

# MOTIVATION

**… oder wie Sie Ihrem Leben durch Fokussierung die nötige POWER verschaffen.**

**Energie,
Liebe,
Leidenschaft**

Rot ist die Farbe der vitalen
Kraft, der Emotionalität, des
Durchsetzungsvermögens,
der Erregung, der Leidenschaft
und Liebe.

Es gibt für alles einen richtigen Ort. Wenn ich Kräfte sammeln will, gehe ich an einen Platz, wo die Kraft allgegenwärtig ist. Kommen Sie mit auf die Jagdhütte, die mich seit Jahrzehnten begleitet und mich immer wieder stark macht.

Schritte zum Erfolg 13:

**Wandeln Sie das «Müssen» um zum «Wollen»!**

Geboren bin ich in Zernez, am Tor zum Schweizer Nationalpark. Meine Kindheit war geprägt von einem initiativen Vater, einer starken, unternehmerisch denkenden Persönlichkeit, und einer unendlich liebevollen und zärtlichen Mutter. Wir können uns unsere Eltern nicht aussuchen – aber ich hätte keine anderen gewollt. Sie haben mich geliebt, und eine stärkere Kraft als die Liebe findet sich unter Menschen nicht.

Die vornehmste Aufgabe der Eltern ist, ihren Kindern Vorbilder zu sein und sie in dem, was sie tun, zu unterstützen. Ich glaube, Eltern machen alles richtig, wenn die Jungen irgendwann mutig und stark, mit Neugier und Selbstbewusstsein, das Nest verlassen und voller Motivation in die Welt hinausziehen, um diese zu erobern. Oder zumindest, um ihren Platz in der Welt zu finden.

Wenn wir jung sind, testen wir das Leben. Das ist richtig so. Wir sollen viele Erfahrungen machen und wir dürfen dabei auch mehrmals scheitern. So werden wir reicher an Erfahrung und beginnen zu verstehen, was wir gern machen und worin wir stark sind. In meinem Leben dauerte es 47 Jahre, um 100 Prozent am richtigen Ort angekommen zu sein, Unternehmer und damit maximal glücklich zu werden. Doch Glück ist kein Dauerzustand. Glück muss man sich verdienen. Und so kam es, dass ich einige Jahre später maximal unglücklich war.

Aber davon weiter unten.

## Der Stille lauschen

Von Zernez zweigt die Strasse zum Ofenpass und ins Münstertal ab. Nach einigen Minuten Fahrt erreicht man den Nationalpark. Hier stelle ich mein Auto auf den Parkplatz, ziehe die Bergschuhe an und schultere den Rucksack. Ein schmaler Waldweg führt zur Jagdhütte hinauf, die zu einem Teil auch meiner Familie gehört und im Laufe der Jahre zu meinem persönlichen Kraftort geworden ist.

Der Aufstieg dauert bloss eine knappe Stunde. Dennoch ist das genug Zeit, um die Welt weit hinter sich zu lassen. Erinnerungen kommen auf: Dort oben, auf dieser wunderbaren Lichtung mit einem fantastischen Weitblick, habe ich sehr schöne Stunden verbracht. Mit meinem Vater, weiteren Verwandten und Freunden ging es in dem aus Holzbalken gebauten Haus laut und heiter und mitunter auch ziemlich feuchtfröhlich zu. Feste muss man viele feiern. Ich habe oben in der Jagdhütte aber auch die ruhigsten, die meditativsten und kreativsten Stunden meines Lebens verbracht, umgeben von 100 Prozent Natur, der Stille lauschend, die beste Luft der Welt in die Lungen einsaugend, mich eins fühlend mit der Schöpfung.

Dann knallte von irgendwoher ein Schuss.

Ich meine das nicht nur symbolisch. Es handelt sich ja um eine Jagdhütte. Und die Jagd gehört zu Graubündens Herbst wie der Schnee zum Winter. Sie ist traditionsreich und schon seit dem 16. Jahrhundert war es jedem Bürger möglich, die Jagd frei auszuüben, was andernorts alles andere als selbstverständlich war. Leider führte dies auch dazu, dass es in Graubünden irgendwann nur noch Gämsen gab, jedoch keine Steinböcke mehr, keine Hirsche, keine Rehe.

Diese Zeiten sind vorbei. Heute sind die Bestände wieder angewachsen: Etwa 13 000 Hirsche, 14 000 Rehe, 24 000 Gämsen und 5600 Steinböcke gibt es im Frühling, verrät das kantonale Jagdamt. Und es ist ein Lebensraum voller Qualität: Auerhuhn, Birkhuhn, Steinhuhn, Wiedehopf und Flussuferläufer kommen hier viel häufiger vor als anderswo. 21 Tage dauert die Hochjagd im September, und je nach Ergebnis werden im November und Dezember auf der Nachjagd noch zusätzliche Hirsche erlegt. Denn um den Wildbestand zu regulieren, damit er gesund und naturnah bleibt, müssen die festgelegten Abschusspläne erfüllt werden. Mehrere tausend Jäger und einige Dutzend Jägerinnen kümmern sich darum. Auch ich habe geschossen.

## Am Start

Keine Angst. Ich gehe jetzt nicht auf die Jagd. Ich mache mich höchstens auf die Jagd nach den richtigen Formulierungen, um Ihnen in diesem Kapitel anschaulich darzulegen, was ich mit dem Begriff Motivation verbinde.

Nachdem ich in Kapitel eins vorschlug, dass Sie in sich gehen, in Kapitel zwei, dass Sie eine Vision entwickeln, und in Kapitel drei, dass Sie sich damit auseinandersetzen, wie Sie auf Ihre Umwelt wirken, handelt dieses Kapitel vom Start ins Glück. Von der bedingungslosen Konzentration auf den Startschuss. Von der Spannung jedes einzelnen Muskels, um pfeil-

«Junge sollen in die Welt hinausziehen, um diese zu erobern.»

gerade und mit allergrösster Kraft auf das Ziel loszujagen. Und dafür müssen Sie Folgendes beherzigen: Fokussierung bringt Durchschlagskraft. Bündeln Sie Ihre Motivation, und es entsteht eine unwiderstehliche Kraft. Deshalb: Fokussieren Sie! Fokussieren Sie! Fokussieren Sie!

Stellen Sie sich vor, Sie seien ein 100-Meter-Läufer im Olympiafinal. Sie stehen in den Startblöcken. Ihr Material ist optimal, die Schuhe passen, die Bahn ist schnell. Sie sind voll und ganz nur auf die kommenden zehn Sekunden konzentriert, nichts anderes in Ihrem Leben spielt in diesem Augenblick eine Rolle.

Oder stellen Sie sich vor, Sie stünden vor dem Verhandlungsraum, in dem Sie den grössten und spannendsten Handel Ihres Lebens abschliessen können. Ihr Verhandlungsgeschick entscheidet Ihr Schicksal und jenes Ihres Arbeitgebers. Sie sind bis in die letzte Faser bereit für diesen Auftritt. Sie wissen, Sie sind stark, Sie sind perfekt vorbereitet, Sie können mit allem, was Sie drauf haben, in den kommenden Stunden nicht nur bestehen, sondern alles gewinnen, weil Sie zu den Besten gehören.

Oder stellen Sie sich vor, Sie lägen im Schützenhaus. In der Schweiz ist das ja alles andere als ungewöhnlich. Sie liegen auf dem Bauch, ein Gewehr ruht in Ihren Händen. Sie atmen tief und ruhig, Sie selber sind so ruhig wie der Stille Ozean an einem windstillen Sommertag. Ihr Ziel steht Hunderte von Metern entfernt, eine runde Zielscheibe mit einem winzigen schwarzen Fleck in der Mitte. Ihr Finger am Abzug krümmt sich, bis der Widerstand zunimmt. Sie sind nur noch Schütze. Nur noch Auge und Finger. Sie drücken ab, fangen den Schlag des Kolbens an der Schulter ab und werden zum Geschoss, schnellen explosiv los, rasen durch den Lauf, durchschneiden die Luft mit 1000 Kilometern pro Stunde – und erreichen Sekundenbruchteile später Ihr Ziel millimetergenau: mitten ins Schwarze.

Fokussieren hat Durchschlagskraft.

In Ordnung, vielleicht bin ich jetzt etwas weit gegangen und verlange etwas viel von Ihnen. Womöglich fragen Sie sich: Was soll es bringen, dass ich mich wie ein Geschoss fühle? Die Frage ist berechtigt, aber am Schluss des Kapitels verstehen Sie, warum ich jetzt ihre Vorstellungskraft bemühe, damit Sie in Bildern denken. Und statt als Gewehrkugel dürfen Sie sich natürlich auch als Pfeil betrachten. Sie kennen bestimmt die Bilder der Bogenschützen an den Olympischen Spielen, die in eleganter, kraftvoller und geschmeidiger Art den Bogen spannen und mit beeindruckender Sicherheit den Pfeil ins Ziel schiessen.

Fokussieren hat Durchschlagskraft.

Selbst dann, wenn der Schuss, entschuldigen Sie den Ausdruck: nach hinten losgeht. Wenn man selber zur Zielscheibe wird. Wenn jemand anderer voll ins Schwarze trifft und damit einen so umhaut, dass man ganz unten anlangt. Mir wurde dabei schwarz vor Augen. Und die Augen öffnete ich erst wieder nach drei Tagen.

## Trümmerfeld, Teil 1

Es war Ostern 2002, ein sonniger, wolkenloser Tag. Ich war schon um zehn auf der Corviglia oben und auf der Skipiste unterwegs, als das Unheil von rechts kam. Hinter einem Fels tauchte aus dem Nichts ein Snowboarder auf und raste ungebremst in meine Beine. Es knallte. Meine Frau war Sekunden später bei mir. Ich sagte: «Katrin, meine Beine sind 100 Meter weiter unten im Tal.»
Sie dachte, ich sei für immer gelähmt.
Dann war ich weg.

Als ich nach Tagen zu mir kam, waren meine Beine ein zusammengeflicktes Trümmerfeld. In einer achtstündigen Operation hatten die Ärzte meine Knochen in Form geschraubt. Das eine Bein war sechs- das andere siebenmal gebrochen. Eine ganze Woche lang heulte ich durch. Ich blickte im Krankenzimmer aus dem Fenster in die Berge und sah weder Licht noch Zukunft. Ich bekam Angst, sah mich den Rest meines Lebens im Rollstuhl sitzen. Ein Mensch voller Bewegungsdrang wie ich, voller Liebe zur Natur und vor allem zu den Bergen – wie sollte es mit mir weitergehen? Ich durchlitt die schlimmste Krise meines Lebens. Erste Lichtblicke empfand ich nicht als solche: Mein Arzt sagte mir, die Operation sei gelungen, irgendwann könne ich wieder gehen.
«Und Skifahren?»
«Tut mir leid. Das werden Sie nie mehr können.»
Wochenlang lag ich im Krankenhaus und zermarterte mir mein Hirn: Wieso musste mir das passieren? Wo lag der Sinn dieses Unglücks?

Führungskräfte, die von einer Stunde auf die andere entlassen werden, erleiden einen ähnlichen Schock, die Seele wird zum Trümmerfeld. Erst in

---

Schritte zum Erfolg 14:

**Bündeln Sie Ihre Motivation, und es entsteht eine unwiderstehliche Kraft.**

solchen Momenten wird uns die Bedeutung von Beruf und Anstellung bewusst. Sowohl finanziell als auch sozial. Auf einmal erkennen wir, wie sehr wir uns über unsere Tätigkeit und unseren Status definieren. Die Fallhöhe kann riesig sein. Ich habe viele erfolgreich im Leben stehende Menschen gesehen, die zum sich tief schämenden Häuflein Elend wurden. Dann kommen die Fragen, Fragen, die auch ich mir nach meinem Unfall gestellt hatte: Warum ich? Warum jetzt?

Es ist wichtig, mit seinen Fragen nicht allein gelassen zu werden. Deshalb habe ich im Outplacement in der Beratung sehr früh damit begonnen, zeitgleich mit der Entlassung die Betreuung eines Kandidaten zu übernehmen. Konkret bedeutete das: Der Arbeitgeber informierte uns über Zeitpunkt und Ort, wo die Entlassung ausgesprochen wurde – und wir warteten im Nebenzimmer. Ging die Tür auf, traten wir auf den frisch Entlassenen zu, der in aller Regel am Boden zerstört war. Was ich im Übrigen nur zu gut kannte. Meine Gefühle an jenem Morgen, als ich selber auf die Strasse gestellt wurde, sind mir immer noch präsent.

Sämtliche Kandidaten, die wir auf diese Weise übernahmen, reagierten positiv. Es hellte zwar weder ihre momentane Stimmung auf, noch heilte es gleich alle Wunden. Aber es war der erste, wichtige Motivationsschub, den sie erhielten – auch wenn sie diesen in jenem Moment nicht erkannten. *Wer scheitert, ist geschwächt.* Er muss sich erst wieder aufrappeln, um stärker als zuvor zurückzukommen. Je früher deshalb eine positive Beeinflussung stattfindet, desto besser.

## Trümmerfeld Teil 2

Nach dem Krankenhaus war für mehrere Wochen eine Rehabilitationsanstalt mein Zuhause. Die Muskeln waren verkümmert. Katrin schob mich im Rollstuhl durch die Auen entlang der Aare. Die Gegend gefiel mir. Ein Lichtblick. Langsam kehrten Mut und Kraft zurück. Aber es dauerte noch drei Monate, bis ich den Rollstuhl wegstellen konnte.

Während ich mich aber voll und ganz darauf fokussierte, gesund zu werden, fiel der Umsatz meiner Beratungsfirma um 25 Prozent, da ich zu dieser Zeit die Aufträge akquirierte. Nach mehreren weiteren Wochen war meine Depression einer unbändigen Motivation gewichen, wieder gehen zu können. Ich bündelte meine Kräfte, therapierte mich, trainierte und turnte, um meine Beine zu kräftigen. Gleichzeitig wendete ich möglichst

---

Beherzigen Sie das:

**Folgen Sie Ihrem Herzen und finden Sie das, was Sie lieben! Mit weniger sollten Sie sich nicht zufrieden geben.**

viel Zeit für die Firma auf, um das Steuer herumzureissen. Nach einem Jahr wurden mir die Platten aus den Beinen operiert. Ich begann wieder zu laufen und Velo zu fahren, und dank psychologischer Hilfe stand ich zwei Jahre nach dem Unfall zusammen mit meiner Frau auf Skiern ganz oben auf einem Berg. Ich zuckte noch lange zusammen, wenn mir auf der Piste andere zu nahe kamen. Aber ich hatte es geschafft. Ich war zurück. Dank Motivation und Fokussierung. Auch die Firma brachte ich wieder auf Kurs. Mein Einsatz für dieses Ziel war grenzenlos. Meine Frau, die mir die ganze Krise hindurch eine riesige Stütze war, zog darauf die Notbremse:

«Wenn du so weiterarbeitest, dann macht dein Herz nicht mehr mit», sagte sie.

Das glaubte ich nicht.

«Wenn du so weiterarbeitest, dann sind die Buben und ich weg», sagte sie später.

Die Buben hielten zu ihr.

Das nahm ich ernst.

Lange Zeit quälte mich die Frage, warum mir dieses Unglück zugestossen und wozu es gut war. Als ich meine Kraft wiedererlangt hatte, dachte ich, die Antwort gefunden zu haben: *Wir fallen um, um wieder aufzustehen*, das sind die Aufgaben, die einem das Leben stellt. Doch vor lauter Begeisterung, wieder zu stehen, war ich übermotiviert. Als ob ich etwas nachholen wollte. Meine Frau hatte Recht: Wäre ich weiterhin im gleichen Tempo unterwegs gewesen, hätte die nächste Katastrophe nicht auf sich warten lassen. Auch das musste ich lernen. Vielleicht war das sogar der bedeutsamere Teil der Lektion: Man muss den Fokus im *richtigen Mass* auf die wichtigen Dinge legen. Die Balance muss stimmen.

Gut, wenn man jemanden in seiner Umgebung hat, der das einem deutlich sagt. So, wie es meine Frau getan hat.

## Wunder, Wunder!

Heute, ein Dutzend Jahre nach dem Unfall, tragen mich meine Beine wieder recht gut. Ich kann Touren unternehmen, und dafür bin ich unendlich dankbar. Nach solch einem Unfall ist es nicht selbstverständlich, immer und überall, wenn ich Lust habe, die Wanderschuhe schnüren und eine Tour machen zu können, auch wenn ich immer wieder mal Schmerzen habe und deutlich rascher ermüde als vor dem Unfall.

Schritte zum Erfolg 15:

**Denken Sie anders, werden Sie frei!**

Mein Weg zur Jagdhütte ist gesäumt von Arven, die mit Flechten behängt sind. Das Sonnenlicht fällt in Streifen auf den Waldboden. Eine Landschaft wie aus einem Märchen. Traumhaft. Ich sage stets: *Das Glück muss auf dem Weg gefunden werden, nicht erst am Ziel.*

Erinnern Sie sich an diesen Satz, wenn Sie das nächste Mal durch einen Wald gehen. Tun Sie es nicht nur deswegen, weil es gesund ist, weil Sie fit sein wollen, weil Sie abnehmen möchten. Tun Sie es, weil es ein Erlebnis ist! Nehmen Sie wahr, was um Sie herum passiert. Dieses Leben, dieses Grün! Versinken Sie in der Betrachtung eines Waldameisenhaufens, dieses Universums, das ein unentwegt fleissiges Volk schafft. Oder knien Sie am Wegrand nieder und schauen Sie sich die Blätter der Pflanzen an, die dort wachsen. Bewundern Sie die Form, die Farbe, die Beschaffenheit. Erinnern Sie sich an den Biologieunterricht, wo Sie einst gelernt haben, dass ein solches Blatt ein kleines Kraftwerk ist, das Energie erzeugen kann – so wie Sie! Das ist doch fantastisch. Und wenn schon ein Pflanzenblatt ein Wunder ist, dann sind Sie es ja auch. Verflixt, was da in Ihnen drin alles vonstatten geht! *Sie stecken voller Möglichkeiten.* Sie sind ebenso ein Kraftwerk, eines, das in jeder Sekunde Wärme produziert oder chemische Umwandlungsprozesse ausführt. Sie sind ein vollkommenes Wesen, das denken kann, was immer es will! Ein gutes Gefühl, nicht wahr?

Ja, ja, ich weiss, ich neige dazu, einfache Ratschläge zu geben. Aber das Leben ist nun mal einfacher, als wir meistens denken. *Und gerade darin, im Denken, steckt nicht nur Freude, sondern manchmal der Teufel.* Wir denken häufig im Kreis, oft sogar nur in ganz kleinen Kreisen. Doch wer schreibt uns das vor? Wieso beschränken wir uns ohne Not? Zwingt uns die Gesellschaft dazu? Unsere Erziehung? Das materielle Ziel? Wohl von allem etwas. Aber es ist nun mal so: *Wir dürfen denken, was immer wir wollen.* Wir müssen es nur wollen. Die Gedanken sind frei. Wir dürfen deshalb, ohne jemandem Rechenschaft schuldig zu sein, auch anders denken.

Einfach anders denken.

## Ein Königreich für den Gärtner

Lassen Sie mich ein Beispiel machen mit einem Kandidaten, der mich ziemlich viel Energie gekostet hat, weil er immer nur im Kreis dachte. Ich hatte einen Herrn bei mir, einen Mann mit guten Umgangsformen aus besten Verhältnissen und einer tadellosen Karriere. Allerdings war er in

**Auf dem Weg zur Jagdhütte: «Das Glück muss auf dem Weg gefunden werden, nicht erst am Ziel.»**

**PROTOKOLL**

# Heiner Ts. Flucht ins Glück

Was, wenn Motivierte auf einmal merken, nicht mehr motiviert zu sein? Das passiert dem 43-jährigen Heiner T. Er erkennt, dass er auf dem Weg ist, unglücklich zu werden. Er motiviert sich selber, eine ungewöhnliche Flucht nach vorne anzutreten.

Der Ingenieur mit MBA-Abschluss machte Karriere in einer führenden Schweizer Industrieunternehmung und schaffte es vom Produktmanager über den Marketingleiter bis zum CEO der Auslandorganisation in Kanada.

Er war am Ziel – und in einer Sackgasse. Erschreckt stellte er fest, dass er sich immer weniger mit der Branche noch mit dem Produkt identifizieren, geschweige genügend motivieren konnte, um die hoch gesteckten Ziele zu erreichen. Zudem kamen seine drei Kinder ins Alter, in dem die Weichen für ihre berufliche Zukunft gestellt würden. Wäre es nicht besser, die Ausbildung, beziehungsweise Matur, in der Schweiz zu machen? Seine Frau war ganz dezidiert dieser Ansicht: Sie wollte zurück, wo sie ihre Freunde und die Familie hatte.

Heiner T. äusserte beim Hauptsitz den Wunsch, zurückzukehren und erhielt in der alten Heimat in der Tat schon bald eine neue Aufgabe im Business Development. Er stieg mit frischer Motivation ein – aber es gefiel ihm nicht Er war in der Abteilung nur einer unter vielen, ein Rädchen in einer Maschine, sein Gestaltungsraum war winzig. Die einst grosse Freiheit und Selbständigkeit war Regeln und Vorschriften gewichen. Heiner T. musste reagieren. Er fand den Mut, mit der Unternehmensleitung einen Handel zu machen, der es ihm erlaubte, verdeckt während sechs Monaten den Arbeitsmarkt zu penetrieren, ohne gekündigt zu sein. Darüber hinaus erhielt er, da er viele Jahre im Ausland verbracht hat und sein Netzwerk nicht aktiv pflegen konnte, auch ein Coaching bei uns.

Schon bei unserem ersten Treffen erzählte Heiner T. von seinem Traum. Seine Vision war, Geschäftsführer einer Sportfirma zu werden, da Sport seine grösste Leidenschaft war. Wir sahen das Problem relativ rasch: Als Ingenieur und Industrie-Manager würde der Wechsel in die sehr dynamische Sportbranche schwierig sein, da in diesem Metier die Branchenfremden schlechte Karten hatten.

Im Assessment identifizierten wir folgende Stärken: Unternehmerpersönlichkeit mit überdurchschnittlicher Motivation, grossen Verkaufserfolgen und der besondere Gabe, Menschen richtig einzustufen und diese zu Höchstleistungen zu führen. Ebenfalls hohe Werte massen wir in der Sozialkompetenz.

Unsere Aufgabe bestand nun darin, die Erfolge des Heiner T. als Marketingleiter und CEO vom Industriefach ins Sportfach zu übersetzen. Wir arbeiteten relativ lange an der Präsentation, rangen um die richtige Form und die richtigen Formulierungen und schliesslich war sein Rucksack, mit dem er sich auf den Weg machte, mit attraktiven Inhalten gepackt.

Die Präsentation, in der Leidenschaft und Motivation den meisten Platz einnahmen, schaffte es Heiner T. tatsächlich, seine Mitbewerber hinter sich zu lassen. Er trat als CEO der Sportfirma ein und entwickelte diese einige Jahre lang als Unternehmen und Marke sehr erfolgreich weiter. Aber das war ihm nicht genug. Er begann von seiner eigenen Sportmarke zu träumen. Dank seiner grossen Energie, einer ungebremsten Motivation, einer entwaffnenden Überzeugungskraft und einem schlüssigen Businessplan schaffte er es, Investoren an Bord zu holen und geeignete Mitarbeiter zu rekrutieren, um ein eigenes Unternehmen zu starten.

Ich verfolge seinen Weg noch heute mit grosser Freude. Eines steht fest: Motivierten Menschen muss man den Raum geben, sich zu entfalten. Dann versetzen sie Berge. Erhält ein solcher Mensch den notwendigen Raum nicht, muss er für sich selber Verantwortung übernehmen und den Mut haben, seinen Weg um jeden Preis gehen zu wollen, um das Glück zu finden.

Beherzigen Sie das:

**Streben Sie an, dass Beruf und Berufung deckungsgleich werden!**

der Finanzbranche tätig und mit einem Auskommen ausgestattet, das aus einer Zeit stammte, als die Grenzen anders gesteckt waren. 700 000 Franken verdiente er jährlich, und was nach den Steuern noch übrig war, gab er bis auf den letzten Rappen aus.

In mehreren Sitzungen wollte ich ihn davon überzeugen, einen geringeren, aber realistischen Lohn zu akzeptieren. Ergebnislos. Schliesslich forderte ich ihn auf, ein Budget aufzustellen. Ich wollte wissen, wie sich seine Ausgaben zusammensetzten. Seine Frau war an jener Sitzung mit dabei, und ich stellte fest: Beide sind nicht in der Lage, anders zu denken. Kurz gesagt: Es kam heraus, dass sie ein Haus auf Ibiza besassen, eines in der Toscana und eines am Zürichsee. Allein der Unterhalt der Gärten schlug mit 80 000 Franken zu Buche. Wer schon dafür einen solchen Betrag ausgibt, kann auch den Rest des Gehaltes ziemlich problemlos ausgeben. Die beiden hatten nicht den Hauch einer Idee, wie sie ihre Ausgaben reduzieren könnten.

Nun, ja, wie jeder andere es auch tun würde, schlug ich spontan vor, einen günstigeren Gärtner zu suchen. Aber dann stellte ich die Frage, die mir viel ernster war, ob es denn notwendig sei, drei grosse Häuser zu besitzen. Meine Fragen aber kamen, zumindest vorerst, nicht an. Das Gesurre und Gejammer in den Köpfen der beiden muss so laut gewesen sein, dass sie gar nichts von dem hörten, was ich sagte. Es gab für sie nur ein Thema: Was würden die anderen denken, wenn sie, die sie ganz offensichtlich die Platzhirsche an jenem Hügel mit Blick auf den See waren, auf einmal so viel weniger besässen?

Dieses Paar war nicht das einzige während meiner Zeit als Outplacement-Unternehmer, das die Prioritäten im Leben meiner Ansicht nach falsch setzte. Es war aber jenes, das dies am längsten durchhielt. Doch für mich steht fest: Ein kraftloser Antrieb im Leben existiert nicht, als sich ständig mit anderen zu vergleichen. Das ist Gift. Eines, das blind macht. Was für ein Jammer! Wir leben in einer wunderschönen Welt und sehen sie gar nicht, sondern schielen stattdessen auf die Garage des Nachbarn, ob da ein neues und grösseres Auto drinsteht.

Es war ein hartes Stück Arbeit und es bedurfte einer gewissen Härte von mir, um in diesem Fall dem Kandidaten einen neuen Fokus zu eröffnen und ihn dazu zu bringen, die Realität zu akzeptieren. Irgendwann glaubte er mir, dass er den falschen Götzen nachrannte. Dass seine Situation weder verzweifelt noch elend war. Dass es ihm gut ging, dass er Reserven hatte, dass er Anlauf nehmen konnte für eine neue Zukunft. Erst als er anders zu denken begann, konnte er ruhiger werden und sich auf die neue Situation einstellen. Als er endlich nur noch auf sich selber schaute und nicht mehr auf die anderen, konnte er neue Kräfte sammeln: mit einem Haus am Meer weniger und einer kleineren, obschon immer noch repräsentativen Erstwohnung am See.

## Veränderung als Konstante

Ich treffe mich auf der Jagdhütte mit einem alten Freund. Schon unsere Väter waren befreundet und jagten gemeinsam. Doch bevor ich auf die Lichtung trete, mache ich einen kleinen Abstecher zu einem Posten. Wir nennen ihn «de fuuli Poschte», weil er nicht weit weg von der Hütte liegt. Der andere Posten ist viel weiter oben im Berg. Doch wenn man am Vorabend zu lange gefeiert hatte, reichte es eben nur bis zum «fuule Poschte». Hier sass ich vor Jahren an einem Septembertag in der Morgendämmerung und bewunderte die Natur, als ich auf einmal einen prächtigen Hirsch auf mich zukommen sah. Ein Prachtstier mit riesigem Geweih. Der Traum eines jeden Jägers. Ich sprach an und drückte ab.

Der Hirsch zeigte keine Reaktion und trottete weiter. Ich konnte es nicht fassen. Ich atmete tief und ruhig und schoss erneut. Nichts. Weder fiel der Hirsch, noch rannte er davon. Ich schoss noch zwei weitere Male, ohne Erfolg. Danach war ich im Elend. Später stellte sich heraus, dass sich die Zielvorrichtung verschoben hatte. Aber meine Motivation war weg, mein Entschluss stand fest: Ich wollte keine Tiere mehr jagen. Meine Frau war überglücklich, denn sie mochte die Jagd nicht.

Nicht verändert hat sich, dass ich weiterhin hierher auf die Jadhütte komme, um Kraft zu schöpfen. Nirgendwo kann ich besser auf mein Leben blicken und mich für meine Herausforderungen rüsten. Ich hole mir hier bis heute die Motivation für die Aufgaben in meinem Leben.

Das «Hallo» ist gross, die Wiedersehensfreude echt. Mein Freund Dario, seine Frau Irma und ihr Jagdhund begrüssen mich herzlich. Auf dem Tisch steht eine Flasche Iva. Das rituelle Getränk der Jäger, wenn Sie ein Tier erlegt haben. Irma erzählt, wie das Getränk aus Moschusschafgarben angesetzt wird, wie jede Familie ein eigenes Rezept habe. Die einen legten Blüten und Stängel über Nacht in 96-prozentigem Alkohol ein, andere wäh-

**Rast im «fuule Poschte, wo sich einst der kapitale Fehlschuss ereignete.**

rend zwei Tagen, wieder andere zwei Wochen lang. Die einen verwendeten nur die Stängel, die anderen auch die Blütenblätter. Einige würden sie an die Sonne legen, andere nicht, dann würde die Brühe filtriert und gemischt mit aufgekochtem und wieder erkaltetem Zuckerwasser.

Während ich ein Feuer mache, erzählt Dario von seinem Hund. Es ist ein Magyar Vizsla, ein ungarischer Vorstehhund, verspielt und freundlich und sehr folgsam. Dario beschreibt mir die Schweisshundeprüfung, die der Hund abgelegt hat. Dabei muss der Hund auf einer Strecke von 500 Metern einer am Vortag mit drei Dezilitern Hirschblut gelegten Fährte folgen. Zwei Mal ist ein Winkel von 90 Grad eingebaut, die gelegte Spur muss zudem andere Fährten kreuzen, damit es nicht zu einfach ist. Eine Stunde hat der Hund Zeit. Zwei Mal kann er die Fährte verlieren und darf dann zurückgeführt werden. Wenn er es schafft, wird er fortan eingesetzt, um angeschossene Tiere im Gelände zu suchen. Natürlich hat der Hund auch die Gehorsamsprüfung bestanden: das heisst sowohl an der Leine als auch ohne bei Fuss zwischen den Bäumen gehen. Er muss bei Schüssen ruhig bleiben, warten können, und er darf nicht ohne Anweisung bellen. Erst wenn der Hund so weit ausgebildet ist, darf er mit auf die Jagd gehen, bei der er voll und ganz auf seine Aufgabe fokussiert ist. Und, das können Sie mir glauben, ein Hund erfüllt seine Aufgabe immer mit Begeisterung.

Beherzigen Sie das:

**Machen Sie sich bewusst, was Sie senden, denn das empfangen Sie!**

### Vom Müssen zum Wollen

*Begeisterung ist der erste Schritt zum Erfolg.* Begeisterung ist etwas Wundervolles. Ich liebe begeisterte Menschen und ich zähle mich zu dieser Gattung. Das Geheimnis der Begeisterung ist, dass man die Arbeiten machen WILL – und nicht MUSS.

Das klingt wieder mal ganz einfach, nicht wahr? Ist aber auch einfach! Wir müssen die Dinge nur in die eigenen Hände nehmen und uns zuerst mit uns selber auseinandersetzen. Folgende Fragen sollten wir uns deshalb regelmässig stellen:
- Für welche Arbeit entscheide ich mich?
- Welchen Sinn sehe ich in dieser Arbeit?
- Entspricht die Arbeit meinen Kompetenzen, Talenten und Fähigkeiten?
- Erfüllt mich diese Arbeit?
- Beinhaltet diese Arbeit Entwicklungsmöglichkeiten?
- Welche Zukunft bietet mir diese Arbeit?

PROTOKOLL

# Wie sich Kilian L. beinahe selber «outplaced» hat

Kilian L. spürt, dass er und die Firma, in der er seit vielen Jahren als HR-Manager tätig ist, sich auseinanderentwickeln. Er entscheidet, sein Schicksal selber in die Hand zu nehmen, und steigt aus.

Mit 52 Jahren wurde es Kilian L. immer klarer: Die durch strukturelle und personelle Wechsel veränderte Kultur der Firma, in der er während vielen Jahren das Personalwesen leitete, passte nicht mehr länger zu seinen Werten.

In der Firma hatte er immer wieder hören müssen: «Wenn der Kopf spricht, hat der Bauch zu schweigen.» Oftmals, vor allem auch in schwierigen Situationen, war es bei ihm aber der Bauch und nicht der Kopf gewesen, der richtig lag.

Daran erinnerte er sich, als er auf uns zukam, um eine Standortbestimmung zu machen. Eigentlich wusste er schon, was er wollte, wir sollten ihm eigentlich nur noch bestätigen, dass seine Vision auch tatsächlich die richtige war.

Kilian L., als vielseitig interessierter Mensch mit einer attraktiven Lebens- und Berufsbilanz, so das Ergebnis unserer Analyse, sollte sein gut ausgebildetes strategisches Denken mit seiner ausnehmend dynamischen Umsetzungskomponenten paaren. Weiter stellte sich heraus, dass seine beiden Hirnhälften ausbalanciert waren, das heisst, dass sowohl das Analytische wie auch das Kreative zu seinen Stärken gehörten. Nachdem er in den vergangenen 20 Jahren vor allem seine sachlich-nüchterne Seite anwenden musste, begann er eine neue Kraft zu spüren, die an die Oberfläche drängte: seine Kreativität, die er während langer Zeit nur als Hobby ausüben konnte.

Unsere Analyse machte ihm Mut. Er wusste nun, dass er definitiv einen neuen Weg gehen musste. Er wollte raus aus der Sackgasse, die ihm drohte. Der Entscheid fiel ihm leicht. Sein Gestaltungstalent, seine Fähigkeit zur Empathie und seine Begabung im Beziehungsmanagement konnten wir nur bestätigen. Das einzige, was ihm noch Sorgen bereitete, waren seine Fertigkeiten als Verkäufer. Aber auch hierin konnten wir ihn unterstützen und weiter ausbilden.

So war der Weg zum selbständigen Unternehmer, so schien es zumindest, geebnet. Doch so einfach war es dann doch nicht. Kilian L. begann auf einmal alles genau abzuwägen, wurde unsicher, war plötzlich hin und her gerissen. Er fragte sich: Ist es nicht doch ein zu grosses Risiko, eine sichere Anstellung ohne Not aufzugeben? Am Schluss setzte sich aber doch seine riesige innere Motivation gegen die Vernunftargumente seines Verstandes durch. Der Bauch wies ihm den Weg. Die Leidenschaft für das Neue, die Kraft der Kreativität und seine Intuition waren stärker als die Angst.

Heute blickt Kilian L. mit Genugtuung auf seine Entscheidung von damals zurück. Seit zehn Jahren führt seine Firma Kreativ-Workshops für Unternehmen durch, wobei es meistens um Teambildung geht, sein Spezialgebiet. Daneben führt er zusätzlich eine Galerie, in der er seine und die Bilder anderer Künstler ausstellt. Die Veränderung in der Firma, die er mit feinem Sensorium gespürt hatte, öffnete ihm die Augen für Neues. Er entwickelte sich weiter, und er wurde beschenkt, wie er sagt: mit Glück, Erfüllung und Erfolg.

Ganz ehrlich: Gefallen Ihnen die Antworten, die Sie auf diese Fragen geben? Wenn ja: Gratulation. *Sie üben nicht einen Beruf aus, sondern eine Berufung.* Wenn nicht: Dann können Sie daran arbeiten. Es ist wie mit dem «anderen Denken»: Auch dieses muss man trainieren, ebenso wenn Sie vom «Müssen» zum «Wollen» kommen möchten.

Wir auferlegen uns oftmals selber Zwänge. Karriere – das geht mit Unabhängigkeit und Freiheit nicht immer eine enge Verbindung ein. Sie wissen schon. Wer aufsteigen will, muss sich auch anpassen. Dagegen gibt es nichts zu sagen, sofern Ihnen diese Anpassung keine Mühe macht. Falls Sie aber einige Ihrer Werte auch nur ein klein wenig verraten müssen, um weiterzukommen, wird Ihnen vielleicht einmal die Quittung präsentiert.

**Im Innern der Jagdhütte: Erinnerungen aus alten Tagen.**

Vielleicht brauchen wir, um vom «Müssen» zum «Wollen» zu kommen, auch eine andere Sprache. Bauen Sie in Ihre Gespräche mit ihren Freunden und Bekannten doch öfter Formulierungen ein wie diese:
- Grenzen sprengen
- Sich neu erfinden
- Frei und unabhängig sein
- Begeisterung leben
- Das Leben ist ein Spiel, ich würde gern mein Leben spielen!

Hören Sie sich selber gut zu. Manchmal sagt man in Gesprächen Dinge, die aus einem herauswollen, ohne dass man davon gewusst hat. Und glauben Sie das, was Sie sich selber sagen hören!

Sie wissen nämlich viel mehr, als Sie mitunter meinen. Ihr Unterbewusstsein verfügt über Motivationen, die aus Ihnen heraus wollen. Sie müssen nur zuhören und daran glauben! Wissenschaftler haben ermittelt, wie viel Information unsere Sinne an das Gehirn senden: Sie zählten über 11 Millionen Bits pro Sekunde, die unsere Augen und Ohren, unser Geruchssinn und unser Geschmackssinn sammeln. Unser Verstand bringt es in der gleichen Zeit, also in dieser einen Sekunde, auf gerade mal 50 Bits. Diese Zahlen zeigen deutlich, wie sehr sich das Unterbewusstsein vom Bewusstsein unterscheidet. Damit will ich nicht sagen, dass wir alle unseren Verstand und unsere Vernunft ausschalten sollen. Damit will ich nur sagen, dass wir auf einer unbewussten Ebene viel mehr Informationen sammeln können. Dass unser Bauch die richtige Richtung vorgeben kann. Unser Verstand sagt uns oft, was wir müssen. Unser Unterbewusstsein aber nur, was wir wirklich wollen.

## Das ramponierte Image

Manchmal liegen wir mit unserer gewählten Richtung fast richtig, aber eben nur fast. Und dieser letzte Rest muss sich deshalb ändern. Wie bei einer Kandidatin, die mir als schwierige und streitbare Frau angekündigt worden war. In der Tat war sie mit viel Selbstbewusstsein ausgestattet und hatte eine klare Haltung und Meinung. Sie war brillant. Aber sie hatte ein Problem: Sie arbeitete bei einer Grossbank und kam dort trotz ihrer unbestrittenen Fähigkeiten einfach nicht vom Fleck. Sie war zu bissig. Niemand lancierte ihre Karriere. Deshalb kam es zu dem, was immer kommt, wenn Entwicklung nicht mehr möglich ist: zur Trennung. In diesem besonderen Fall verlief dies im gegenseitigen Einvernehmen.

Ich verstand mich gut mit der Dame. Aber ihre gesellschaftskritische Haltung war unübersehbar. Sie wollte zum Beispiel durchsetzen, dass in den Banken die tiefsten Löhne um 10 Prozent erhöht, die höchsten Löhne um 10 Prozent vermindert würden. Eine durchaus gute Idee. Sehr sozial. Vermutlich auch nachhaltig. Aber gleichzeitig auch sehr revolutionär. Und bei der Ausformulierung ihrer Ideen liess sie jegliche Diplomatie vermissen, dozierte stattdessen mit grosser Kampfeslust.

Schritte zum Erfolg 16:

**Fokussierung bringt Durchschlagskraft.**

Im Coaching stellen wir fest, dass sie ihren Beruf wirklich sehr mochte. Sie fühlte sich wohl im Finanzthema und hätte gern wieder einen ähnlichen Job angetreten. Sie schrieb eine Bewerbung nach der anderen, aber es kamen nur Absagen. Ich hatte eine Vermutung, was der Grund war. Sie aber blieb unbeirrt. Weitere vier Monate lang kamen nur Absagen. Meine Kandidatin konnte das nicht verstehen. Sie konnte nicht verstehen, dass niemand ihre Qualitäten und Qualifikationen brauchte! Meine Vermutung war unterdessen zur Gewissheit geworden. Die Szene war klein, die Banker redeten untereinander. Meine Kandidatin galt zwar als überaus fähig, aber keiner wollte sich das antun, eine so kritische Dame ins Kader zu holen. Ich sagte: «Hören Sie, glauben Sie wirklich immer noch daran, einen gleichwertigen Job zu finden? Sie sind sehr intelligent, sehr fähig, Sie sind aber auch sehr pointiert in Ihren Aussagen, sehr scharfzüngig, progressiv, zudem mit einer grossen sozialen Ader versehen – und Sie wollen in einem Umfeld arbeiten, das a) konservativ, b) männerdominiert und c) eher rechtsgerichtet ist? Ist das wirklich Ihr Weg?»

Sie hörte mir etwas verzweifelt zu. Die erfolglosen Bemühungen hatten meiner Kandidatin mit der Zeit zugesetzt. Irgendwann war sie nicht mehr

Beherzigen Sie das:

**Folgen Sie dem GOAL-Faktor: Geduld, Orientierung, Aktivität, Leistung.**

wieder zu erkennen. Die zu Beginn so starke Frau war am Boden aufgeschlagen, zweifelte zutiefst an sich selbst. Ihre ganze Motivation war wie weggeblasen. Ich fragte: «Was ist denn Ihre wahre Stärke? Was haben Sie sehr gut gemacht?»

«Ich arbeite gern mit Leuten. Ich erkenne, oft schon vor ihnen selbst, was sie wirklich können und wo ihre Stärken liegen.»

Ein neuer Weg tat sich auf einmal auf, es kristallisierte sich heraus, dass meine Kandidatin über ein Talent verfügte, Menschen und deren Fähigkeiten richtig einzuschätzen. Deshalb konnte sie diese auch oft an der richtigen Position platzieren. Sie erinnerte sich, in der Vergangenheit mutige Entscheide gefällt und dank ihres sozialen Interesses auch vermeintlich schwächeren und verkannten Mitarbeitenden eine Chance gegeben zu haben. Ihr Team, das sie an ihrer letzten Stelle hatte, war ja immer sehr gut gewesen und stand auch immer zu ihr. Mir wurde bald klar: Sie verfügte über eine aussergewöhnliche Menschenkompetenz. Das war es, was die richtige Richtung angab. Sachte führten wir sie an eine neue Vision heran. Wissen Sie, wo die Managerin endete? Als Headhunterin für Bankpersonal. Die Motivation dazu hatte sie durch ein anderes, neues Denken gewonnen. Erst als sie die gewohnten Bahnen verliess, ging es vorwärts. Und mittlerweile ist sie ihren inneren Überzeugungen und Werten noch näher gekommen: Heute sucht sie auf dem Markt auch nach Führungskräften für soziale Non-Profit-Organisationen. Als Sahnehäubchen ist dazugekommen, dass sie mittlerweile einige VR-Mandate innehat. Sie ist glücklich geworden, weil sie bei sich zu Hause angekommen ist.

## Darios Jagd

Irma lässt ihren Mann Dario gern zur Jagd gehen. «Weisst du, das tut uns gut, wir sind ja sonst viel zusammen. Ich weiss, er fühlt sich auf der Jagd zu Hause und in guter Gesellschaft.»

«Und er lässt dich euren Betrieb einfach alleine führen?», frage ich.

«Anfangs kam er öfter ins Tal runter, um im Geschäft nach dem Rechten zu sehen. Das gab dann Probleme, und irgendwann sagte ich: ‹Wenn du glaubst, wir können das hier nicht alleine, dann gehe ich drei Wochen in die Ferien und du kannst selber schauen.› Seither hat es gebessert.»

Ich blicke zu Dario. Er lächelt. Kein Mann der vielen Worte. «Du liebst die Jagd, nicht wahr?», sage ich zu ihm.

«Mehr als du, jedenfalls.»

«Wie meinst du das?»

«Du bist früher einfach hoch gekommen und hast geschossen. Vom

Schreibtisch direkt in den Jagdposten. Wir aber bereiten uns den ganzen Sommer vor, schiessen Tontauben, steigen hierher hoch und beobachten die Wildwechsel. Für mich beginnt die Jagd einige Monate früher als für dich.»

Ich verstehe, was er mir sagen will. Seine Motivation ist eine ganz andere. Er ist fokussiert, ich war es nie im selben Mass. Deshalb jagt er auch noch, und ich habe aufgehört. Ich sage:

«Du hast Recht. Ich brauche die Jagd nicht mehr. Schiesst du eigentlich immer noch deine Hirsche?»

«Ja. Aber es wird jedes Jahr schwieriger.»

«Wieso?»

«Hirsche sind wie Hunde, sie sind unglaublich lernfähig. Sie wissen genau, wann die Jagdsaison beginnt. Sie wissen auch genau, wo die Grenze zum Nationalpark verläuft – und dort sind sie ja sicher. Sie ändern ihren Tagesrhythmus, sie erinnern sich, wo ihre Artgenossen geschossen wurden. Sie verstecken sich in den Legföhren, und du müsstest bis auf drei Meter heran, um sie überhaupt zu sehen. Wir haben mittlerweile Mühe, die Quote zu schaffen.»

«Und du?»

«Ich schiesse jedes Jahr einen Hirsch.»

«Mir wäre eine Hirschkuh lieber», schaltet sich Irma ein. «Das Fleisch ist besser. Zudem haben wir die Abmachung: Wer einen Hirsch schiesst, muss auch das Geweih abstauben. Aber das klappt natürlich nicht. Jetzt jagen unsere zwei grösseren Jungen auch schon. Der Staub auf den Geweihen wird jedes Jahr mehr.»

Dario lächelt ungerührt: «Der Hirsch ist für mich das schönste Tier auf der ganzen Welt. Diese Kraft, diese Eleganz. Der Hirsch hat die grössere Chance als der Jäger. Wir Jäger sind nämlich nicht lernfähig. Wir kehren immer wieder an die Orte zurück, an denen ein Hirsch geschossen wurde. Wir glauben, weil es uns dort einmal gelungen ist, würde es wieder gelingen. Genau deswegen geht ein Hirsch nicht dorthin, wo ein Artgenosse geschossen wurde.» Eine lange Rede für einen, der sonst nur das Notwendige sagt, denke ich, bevor Dario zum entscheidenden Punkt kommt:

«Hirsche sind schlauer als wir. Sie können anders denken. Wir nicht.»

## Das grosse Ganze

Anders denken und neue Motivation schöpfen … da haben wir es wieder. Dario hat vollkommen Recht, die Hirsche machen es richtig, denn so können sie überleben. Auch wir müssen uns bewegen, unterwegs sein, dann

Mit Iva, dem aus Moschusschafgarben gebräuten Getränk, stossen Jäger an, wenn sie erfolgreich waren.

geschehen Dinge, die uns umdenken lassen. Sie wissen bereits, ich liebe Wortspiele. Wie gefällt Ihnen dieses?

G edanken
E motionen
H andlungen
E rgebnisse

Gehe! Wir müssen uns bewegen, dann kommen wir an neue Orte. Wir machen uns neue Gedanken, wir lernen neue Emotionen kennen, die zu Handlungen führen und ein Ergebnis nach sich ziehen.

Gehe! Ich habe Sie zu Beginn dieses Kapitels aufgefordert, anders zu denken, zum Beispiel sich wie ein Pfeil zu fühlen. Wie ein Sprinter. Wie ein erfolgreicher Manager, eine grandiose Unternehmerin. Denken Sie in neuen Bildern! Visualisieren Sie Ihre Träume!

Gehe! Das können Sie auch liegend: Legen Sie sich an einem wolkenlosen Abend auf eine Wiese und blicken Sie in den Himmel. Je mehr die Dämmerung fortschreitet, umso mehr Lichter knipsen sich am Himmelszelt an. Suchen Sie nicht den Grossen Bären oder den kleinen Wagen, sondern lassen Sie Ihren Gedanken freien Lauf. Sie werden früher oder später zu staunen beginnen, wie gross das Universum ist und wie klein Sie sind. Lassen Sie Ihre Gedanken fliessen, und auf einmal kommen Ihnen die verrücktesten Einfälle, denn es gibt keine Grenzen. Sie sind Teil eines riesigen Raumes, in dem Sie unendlich viel Platz haben. Freuen Sie sich auf die Reise und seien Sie offen für das, was dabei herauskommt.

Mit Irma und Dario vor der Hütte: ein Ort, wo man in der Weite und Stille der Natur neue Kraft schöpfen kann.

Gehe! Bewegen Sie sich auf sich selber zu und lachen Sie ein wenig über sich. Lachen kann glücklich machen, das wissen Sie. Im Lachen sind Sie voll und ganz in der Gegenwart. Wenn es Sie schüttelt vor Lachen, gibt es keine Zukunft und keine Vergangenheit, es gibt nur das Jetzt. Ganz bestimmt haben Sie schon Dinge geboten, denen eine gewisse Komik innewohnt. Seien Sie mit sich versöhnlich. Erzählen Sie die Geschichte so lustig, wie Sie nur können. Lachen Sie mit. Lachen Sie und legen Sie Distanz zu sich selber. Denn Humor ist ein wunderbares Mittel, um Abstand zu sich selber zu gewinnen. Und diesen Abstand brauchen wir, um anders, um neu zu denken. Humor als Haltung macht aus, dass man die Dinge relativiert. Wer relativiert, ist locker. Wer verbissen ist, rennt hingegen immer wieder gegen die gleiche Wand an.

## Rousseaus Hirschjagd

Ich glaube, Dario besitzt die richtige Mischung aus Lockerheit und Fokus, die ihm zum Erfolg verhilft. Ich spüre seine Begeisterung in der Sache, die Ruhe im Vorgehen und den Willen zum Erfolg. Aber ich weiss, dass er den Erfolg nicht um jeden Preis braucht: Wenn er mal ein Jahr keinen Hirsch erlegt, dann ist das eben so. Kein Weltuntergang.

Nicht alle Jäger denken gleich. Es gibt jene, die nicht den Hirsch im Fokus haben, sondern andere Jäger: Sie wollen besser, schneller, erfolgreicher sein als die Konkurrenten. Und das zieht Kreise. Irma kennt die Seite der Jäger-Gattinnen. Lachend erzählt sie: «Hier interessiert sich doch keine, ob mir Dario einen Swimmingpool im Garten baut. Selbst wenn er es täte, würde das niemand wahrnehmen. Wenn ich aber am zweiten Tag der Jagd ins Café gehe, fragen die anderen gleich: ‹Und, hat deiner schon etwas geschossen?›
‹Nein, bis jetzt hat er nur Hunger und Durst.›
Und sofort zückt eine das Handy und zeigt mir, was ihr Mann bereits geschossen hat. Ja, dann rufe ich halt Dario an und sage, dass er ruhig auch mal etwas schiessen dürfe, damit ich wieder ins Café könne.» Sie lacht: «Einmal kam eine sogar mit einem T-Shirt im Café an, auf dem ein Hirsch abgebildet war. Ich wusste gleich, was sie uns damit sagen wollte.»

Unter Managern ist es oftmals nicht anders. Es herrscht ein harter Konkurrenzkampf, und manch einer stellt dem andern ein Bein, um selber weiterzukommen. Das ist nicht fair. Aber Realität.

Und wenn wir schon beim Thema sind. Es gibt eine wunderbare Parabel, betitelt mit «Hirschjagd», die auf Jean-Jacques Rousseau zurückgeht, den Genfer Philosophen und Pädagogen. Er, der seinen Zeitgenossen «zurück zur Natur» zurief, da seiner Ansicht nach die Gesellschaft den an sich guten Menschen selbstsüchtig und eitel mache, wollte mit der Parabel verdeutlichen, dass wir nur unter Zwang kooperieren, da wir im Konkurrenzdenken verhaftet seien. Seine Hirschjagd präsentiert sich demnach so: Zwei Jäger tun sich zusammen, um einen Hirsch zu erlegen. Auf der Pirsch läuft einem der beiden ein Hase über den Weg. Er denkt nach: Schiesst er den Hasen, vergibt er die Gelegenheit auf den wertvolleren Hirsch. Gleichzeitig fragt er sich, ob dem anderen nicht auch ein Hase über den Weg läuft – und wie würde sich denn jener entscheiden? Der Hase ist nämlich ein sicheres Ergebnis, der Hirsch ist es nicht. Was macht nun der Jäger, der den Hasen vor der Flinte hat? Absprachen vor der Jagd können auf einmal nichts mehr wert sein …

### Der Kniff des R. F.

Lassen wir die niederen Gefilde hinter uns, wo sich eitle, selbstsüchtige, missgünstige und neidische Wesen herumtreiben, und folgen Sie mir auf ein Spielfeld, wo es in der Regel sehr fair zu und her geht: auf den Tenniscourt. Auf dem Rückweg hinunter ins Tal denke ich an Roger Federer. Er beeindruckt mich zutiefst, denn seit Jahren ist er in dem, was er tut, einer der Besten der Welt. Oft habe ich mich gefragt:
– Wie kann sich jemand immer wieder neu motivieren, der längst genug Geld verdient und allen andern bewiesen hat, was er kann?
– Was treibt einen Menschen an, jeden Tag hart und diszipliniert zu arbeiten, um so lange wie möglich an der Spitze zu bleiben?
– Woher nimmt ein Mensch die Kraft, sich wöchentlich unter den Augen von Millionen beweisen zu wollen und zu können?

Es war ein Glück für mich und eine besondere Gelegenheit, Roger Federer an einem Sportanlass zu treffen. Ich ging auf ihn zu und fragte ihn, ob ich mich kurz mit ihm unterhalten dürfte. Er war wie immer nett und sehr höflich, und in der Tat bekam ich die Möglichkeit, Antworten auf meine Fragen zu erhalten.
«Herr Federer», begann ich, «welches sind Ihrer Meinung nach die drei wichtigsten Erfolgsfaktoren?»
Er nannte sie mir: «Erstens: Sie müssen begabt sein. Ohne Begabung geht es nicht. Zweitens: Spass, Spass, Spass und Freude, Freude, Freude. Ich freue mich auch heute noch jeden Tag, wenn ich auf den Tennisplatz gehe. Und drittens: Ich denke vom Ziel aus. Ich gebe mich nicht zufrieden, in einem Final zu stehen. Ich sehe mich schon vorher als Sieger, ich fühle bereits vorher, wie es ist, die Trophäe zu stemmen.»

Ich hörte zu und bedankte mich.

**ÜBUNG**

# Vom Müssen zum Wollen

## Fokussieren Sie!

**Bei welchen drei der folgenden Transfers vom Denken zur inneren Haltung möchten Sie sich noch steigern?**

| Denken | Innere Haltung |
|---|---|
| • Von Theorie | zu Praxis |
| • Von Sagen | zum Tun |
| • Von Opferhaltung | zu Gestaltungswille |
| • Von Verantwortung abschieben | zu Verantwortung übernehmen |
| • Vom Hadern | zu Entschlossenheit |
| • Von Unsicherheit | zu Überzeugung |
| • Von Angst | zu Mut |
| • Von Sturheit | zu Flexibilität |
| • Vom Abwarten | zu Bewegung |
| • Von Sachorientierung | zu Menschlichkeit |
| • Von Vergangenheit | zu Gegenwart |
| • Vom Allgemeinen | zu Konkretem |
| • Von Anordnen | zu Motivierung |
| • Von Ungleichgewicht | zu Gleichgewicht |
| • Von Verschlossenheit | zu Offenheit |

Ich wünsche Ihnen viel Mut und Entschlossenheit, an Ihrer inneren Haltung zu arbeiten!

---

## Denken Sie vom Ziel aus ...

... und schreiben Sie ein spannendes Zeitungsporträt über sich selber – so wie es in der Zukunft tatsächlich in einer Zeitung erscheinen könnte. Dieses Porträt erzählt vom Weg, der zu Ihrem Traumziel führte. Lassen Sie Ihre Fantasie walten – aber damit der Zeitungsartikel auch tatsächlich journalistisch ist, befolgen Sie die 7W-Fragen-Regel und beantworten Sie umfassend die folgenden Fragen (Reihenfolge egal):

1. **WAS?** Sagen Sie, was Sie erreicht haben (z. B. CEO, Nobelpreisträgerin, Politiker, Künstlerin etc.).
2. **WER?** Beschreiben Sie Ihre Persönlichkeit und Ihre Talente, die zum Erfolg führten.
3. **WOHER?** Führen Sie aus, was Ihre Ausgangslage war.
4. **WARUM?** Erläutern Sie den Anlass, der dazu führte, sich auf den Weg zu machen.
5. **WANN?** Erklären Sie, wann alles begann und wie lange Ihr Weg war.
6. **WO?** Formulieren Sie, wo Ihr Weg begann und wo er überall entlang führte.
7. **WIE?** Sagen Sie, wie Sie Ihre Talente eingesetzt haben und welche Teilziele Sie, Schritt für Schritt, erreichten.

Bewahren Sie Ihren «Zeitungsartikel» auf und schauen Sie sich diesen in ein paar Jahren wieder an. Da bekanntlich der Weg das Ziel ist, werden Sie vielleicht an einem ganz anderen Ort ankommen, als Sie heute denken. Das ist egal. Die Hauptsache ist, dass Sie sich auf den Weg machen. Und jede Reise, sei sie noch so lang, beginnt mit dem ersten Schritt.

# REALISATION

… oder wie Sie Ihre **PERFORMANCE** erfolgreich steigern.

**Materie,
Sicherheit,
Geld**

Grün ist die Farbe der
Innerlichkeit, der Friedlichkeit,
der Anpassungsfähigkeit
und inneren Ausgewogenheit,
des Defensiven und Sichernden.

Wasser ist stets im Fluss. Genau darin steckt auch das Geheimnis eines jeden erfolgreichen Menschen: Erfolgreiche Menschen lassen ihre Kräfte fliessen und setzen ihre Ideen um. Kommen Sie mit auf eine romantisch schöne Radtour entlang der Engadiner Wasserläufe – flussabwärts und mit Rückenwind.

Schritte zum Erfolg 17:

**Stärken Sie Ihre Stärken! Oder mit den Worten des erfolgreichsten Geschäftsmannes unseres Planeten, Bill Gates: «Erfolg entsteht dadurch, dass man sich auf das konzentriert, worin man gut ist und was man wirklich mag.»**

Outplacement-Berater war ich ausserordentlich gern. Während dieser Zeit durfte ich über tausend Führungskräfte in schwierigen Situationen begleiten. Bei vielen konnte ich tief in die Seele blicken. Es gab mir Kraft, wenn ich Menschen mit einem grossen inneren Reichtum kennenlernte, mit starker Liebesfähigkeit, brillanter Intelligenz, unerschöpflicher Kreativität, mit Witz, Geist und Charisma. Manchmal, das räume ich ein, erschrak ich auch, wie leer und öd einige Seelen waren.

Die Begeisterung fürs Leben, die Neugierde auf die Dinge um mich herum und der Enthusiasmus für Begegnungen mit Menschen erfüllen mich nach wie vor. Das ist die Basis für ein sinnhaftes und erfolgreiches Dasein. In diesem Kapitel geht es um die Definition von Erfolg, um die Energie und den Willen, etwas umzusetzen. Es geht deshalb auch um *Leistung*.

Welche Etappen haben wir bis jetzt zurückgelegt? Wir haben uns
- der Reflexion gewidmet, um uns zu erkennen,
- eine Vision entwickelt und herausgefunden, was wir wirklich wollen,
- eine Präsentation zurechtgelegt, damit uns die anderen erkennen und verstehen,
- die Motivation aufgebaut, um uns zu fokussieren und um gut gerüstet
- die Realisation anzugehen, damit wir unsere Ziele erreichen.

### Von der Idee zur Tatsache

Wie definiert das Wörterbuch den Begriff «Realisation»? Realisieren heisst, aus einer Idee eine Tatsache zu machen. Oder anders gesagt: *Der Gedanke führt zur Tat.* Es gibt noch eine zweite Bedeutung: Realisieren heisst auch, sich einer Tatsache bewusst zu werden. Die Tat führt also wiederum zu einem Gedanken. Ein Beispiel: Wer die Idee hat, Karriere zu machen, muss das realisieren. Nach der Umsetzung der Idee, nach dieser Realisation, muss er sich wiederum darüber klar werden, was das erreichte Ziel ihm bedeutet. Realisation zieht also auch stets Reflexion nach sich.

Ich will Ihnen dazu eine Geschichte erzählen von einem jungen Mann, der die Idee hatte, Karriere zu machen. Es ist eine Geschichte, die nicht gut ausgeht, obschon sie märchenhaft gut anfängt und sich der junge Mann an die Definition des Realisierens hält, denn er macht, macht, macht … Seine Geschichte beginnt mit seinem hervorragenden Abschluss an einer Wirtschaftsfakultät, worauf er eine Privatbank findet, die auf sein Talent setzt und ihm die Chance ermöglicht, steil aufzusteigen. Genau das ist, was der junge Mann will. Karriere machen ist sein Plan. Und das soll möglichst rasch Tatsache werden. Die Privatbank setzt aber nicht nur auf ein einziges Pferd, nein, sie setzt auf mehr als ein halbes Dutzend Pferde. Unser junger Mann muss rackern wie ein Ackergaul. Oder zumindest so tun als ob. In dem Team, in dem er arbeitet, ist er einer von acht Spitzenbankern. Und jeder dieser Spitzenbanker hat genau so wie er die Idee, an die Spitze zu gelangen. Jeder beobachtet eifersüchtig die Erfolge des anderen, jeder versucht, sich in eine noch bessere Position zu bringen.

Unser junger Mann arbeitet hart, aber er verdient dafür auch prächtig. Das Leben ist gut zu ihm. Er heiratet eine hübsche Frau, wird Vater eines strammen Jungen. Und in der Privatbank ist er noch immer auf Kurs. Doch dann spielt die Welt wieder einmal verrückt, die Gewinnmaximierung fordert ihre Opfer, unter anderem unseren jungen Mann. Warum er? Zufall? Pech? Oder ganz einfach Schicksal?

Hinter Samedan taucht abseits der Strasse eine idyllische Wasserwelt auf.

Als ich ihn kennenlerne, ist er 37 Jahre alt. Mein Auftrag ist klar, sein Ziel ist es auch: Er will möglichst rasch wieder eine Anstellung zu mindestens gleichem Lohn wie zuvor, also 270000 Franken jährlich. Und während der Beratung erfahre ich nach und nach die ganze Geschichte. Vorausschicken möchte ich, dass junge Kandidaten stärker unter Druck stehen, wenn sie auf der Strasse landen. Die 50-Jährigen leiden zwar genauso, aber oftmals hat sie das Leben trotz allem schon etwas gelassener gemacht. Junge Entlassene verfügen über weniger Lebenserfahrung, aber häufig haben sie noch kleine Kinder, was die Ängste grösser werden lässt. Und zudem glauben sie, dass sie mit ihrer ausgezeichneten Ausbildung gar nie entlassen werden können.

Unser junger Mann äusserte sich sehr offen während der Beratung, und ich stellte fest, dass er in einem Fünf-Fronten-Krieg steckte. Die erste Front war der Arbeitsplatz. Er schaffte es nie, sein Büro vor 19 Uhr zu verlassen. Der Grund: Keiner aus dem Team traute sich, vor den anderen nach Hause zu gehen – selbst dann, wenn das Pensum längst vollbracht war. Jeder beobachtete jeden, und wie ein ungeschriebenes Gesetz herrschte die Meinung vor, dass 19 Uhr der allgemein gültige Büroschluss sei. Unser Kandidat akzeptierte das zähneknirschend als Folge seines hohen Lohns.

Front Nummer 2: Kaum zu Hause angekommen, machte ihm seine Frau regelmässig eine Szene – dass er nämlich viel zu spät nach Hause käme und sie deshalb nicht unterstützen könne. Sein Einwand, sie würde dafür

«Wer den Standard verlassen möchte, braucht eine Vision.»

über viele materielle Vorteile verfügen, liess sie nicht gelten. Zähneknirschend akzeptierte unser junger Mann, dass seine Frau, die selber nicht arbeitete, täglich im vierradgetriebenen Monster einkaufen ging und die Ferienwohnung in den Bergen durch den teuersten Inneneinrichter der Stadt bestücken liess. Der junge Mann nahm an, dass dies der Preis sei, um in den Augen anderer als erfolgreicher Banker dazustehen.

Front Nummer 3: Unser junger Mann musste sich ohne Unterlass vorwerfen lassen, ein schlechter Vater zu sein, da er zu wenig Zeit aufwenden würde, sich um den kleinen Sohn zu kümmern. Natürlich war es wiederum seine Partnerin, die ihm das vorhielt, aber nicht nur. Sie hatte beträchtliche Unterstützung durch die beiden Grossmütter. Alle drei Frauen meinten in seltener Einmütigkeit, dass er mehr Zeit mit seinem Sohn verbringen müsse. Sonst könnte sein Sohn dereinst traumatisiert sein, weil ihm der Vater gefehlt hätte. Unser Kandidat bekam Schuldgefühle und versprach darauf, sich an den Wochenenden vermehrt um seinen Sohn zu kümmern.

Front Nummer 4: Bewegung war schon immer, was unser Kandidat für seinen inneren Ausgleich brauchte. Das Problem: Sein Lieblingssport war ausgerechnet der Marathonlauf. Dieser Sport ist sehr trainingsintensiv, und weil er unter der Woche kaum mehr nach den langen Abenden im Büro noch in den Wald rennen gehen konnte, hatte er sein Training auf das Wochenende verschoben. Nun sollte er aber an den Wochenenden mit seinem vierjährigen Sohn etwas Sinnvolles unternehmen, und das konnte ja nicht ein Marathontraining sein. Er schob sein Bedürfnis nach Bewegung also an die äussersten Randstunden seiner spärlichen Freizeit. Die Folge: Er war noch weniger im Gleichgewicht.

Front 5 und das Ende: Auch seine Frau hatte Bedürfnisse. Unserem jungen Kandidaten ging freilich die Zeit aus, die Kraft auch, und zuletzt kam ihm die Libido ganz abhanden.

Ich erinnere mich gut, wie er vor mir sass, das Gesicht in den Händen verborgen. Er weinte und schluchzte wie ein kleines Kind, komplett am Ende und erschöpft. Aber vor allem unglücklich. Ich dachte mir: was für ein armer Kerl. Aber er war gut, saugut sogar als Banker, und schon nach vier Monaten fand er eine neue Anstellung bei einer anderen Privatbank. Seine Welt schien ihm wieder im Lot, denn der Lohn stimmte. Alles andere aber, das stimmte weiterhin nicht. Zwar hatte er eine Lösung gefunden. Aber keine, die nachhaltig war. In seinem Fünf-Fronten-Krieg hob er nicht eine einzige Front auf. Sein unmöglicher, nicht zu gewinnender Kampf ging bei gleichem Lohn unvermindert weiter. Was hatte er falsch gemacht? Er schaute nur darauf, dass er finanziell wieder dort weitermachen konnte, wo er aufgehört hatte. Er kam vom Regen in die Traufe. In so einem Fall ist es nur eine Frage der Zeit, bis so jemand wieder schluchzend in einem Stuhl sitzt und sich fragt, warum er in einer Sackgasse steckt. Unser junger Kandidat hatte nicht realisiert, dass er sich auf die Reise machen musste. Aber, und das weiss ich aus Erfahrung, das Leben ist unerbittlich: Die Chance, sich zu bewegen, zu realisieren, dass man etwas ändern muss, kommt wieder und wieder und so oft, bis man seine Lektion gelernt hat.

## Gegen den Strom

Ich liebe es, Velo zu fahren. Es ist ein tolles, sinnliches Erlebnis, und manchmal hebe ich beinahe ab vor lauter Freude. Von Pontresina aus fahre ich regelmässig zur Alp Grüm, ins Val Roseg und in viele Seitenarme des Haupttales. Für das Thema «Realisation» lasse ich es aber mit schweisstreibenden Routen. Kommen Sie mit, wir fahren nach Samedan und biegen dort Richtung Unterengadin ab. Wir fahren den Inn entlang und lassen uns, wie das Wasser, vom leichten Gefälle talwärts tragen.

Ich könnte natürlich auch in die umgekehrte Richtung radeln, flussaufwärts, hoch Richtung Maloja. Sie kennen bestimmt den Spruch: «Nur wer gegen den Strom schwimmt, gelangt zur Quelle.» Dieser Spruch ist mittlerweile schon etwas abgenutzt, aber ich möchte dennoch kurz auf den Begriff Quelle eingehen. Ich nehme an, dass damit unser Ursprung gemeint ist, der Moment, in dem wir rein und unverdorben von äusseren Einflüssen sind. Das, so schätze ich mal, war die Sekunde unserer Geburt. Was wäre das für ein spannendes Gedankenexperiment: sich an diesen Augenblick erinnern zu können, als man auf diese Welt kam. Was waren wir? Wie waren wir? Was konnten wir aufnehmen und was nahmen wir tatsächlich auf? Na ja, es *wäre* ein spannendes Gedankenexperiment, denn wer kann sich schon daran erinnern? Aber gehen wir mal davon aus, dass wir diese winzige erste Sekunde lang rein und klar und unverdorben von äusseren Einflüssen der neuen Welt waren, die wir gerade eben erst betreten hatten. In der zweiten Sekunde begannen wir dann sofort Teil dieser Welt zu werden. Vielleicht durch einem Klaps auf den kleinen Hintern, vielleicht blendete uns Licht, vielleicht erklang Musik, eine Stimme, ein Lachen oder Weinen. Konnten wir schon riechen? Wie war es, zum ersten Mal Luft in die kleinen Lungen zu pumpen? Waren wir glücklich in dieser

---

Schritte zum Erfolg 18:

**Die berühmteste Formel der Welt heisst E = mc²**

**Einstein stellte damit einen Zusammenhang zwischen Licht, Masse und Energie her. Nutzen Sie diese Formel für sich!**

**E steht für Erfolg**
**M steht für Motivation**
**C steht für C(K)ompetenz**
**E = mc² bedeutet also:**

**Multiplizieren Sie Ihre Motivation mit Ihrer Kompetenz und Sie werden erfolgreich sein!**

ersten Minute unseres Lebens? Oder geschockt und erschöpft von der Geburt? Konnten wir überhaupt schon denken? Welche Reise hatten wir schon hinter uns?

Ich finde es spannend, sich diese Fragen zu stellen. Sie helfen uns, einen ganzheitlichen Blick auf das Leben zu erhalten. Sie helfen uns, gelassener zu werden. Sie geben unserem Leben eine Richtung. Und wenn wir die Richtung kennen – ja, dann müssen wir nichts mehr anderes machen als loszumarschieren. Denn nur wer sich bewegt, kommt weiter. Oder um es noch einfacher zu sagen: Von nichts kommt nichts. Klingt gar etwas stark nach Binsenwahrheit, ich weiss, aber es ist eben doch auch eine Wahrheit.

## Mit dem Strom

Wenn wir das Sprichwort «Nur wer gegen den Strom schwimmt, gelangt zur Quelle» von einem anderen Standpunkt aus betrachten, dann interessiert mich genauso der Begriff «Strom». Im Sprichwort ist er negativ verwendet, denn «mit dem Strom schwimmen» bedeutet in diesem Zusammenhang, sich gängigen Konventionen unkritisch hinzugeben und sich fortreissen zu lassen, wo immer auch die Reise hingeht. Das kann man durchaus so sehen. Ich aber sehe es anders: Der Strom ist eine grosse Kraft. Eine faszinierende Kraft. Eine fliessende Kraft. Und deshalb etwas, das mich reizt. Drehen wir es einmal um: Mit dem Strom schwimmen bedeutet, mit zusätzlichen Kräften ausgestattet zu werden. Ist es nicht wunderbar, sich von einer Strömung erfassen zu lassen und damit müheloser ans Ziel zu gelangen? Ist es nicht verlockend, aus einer Idee eine Tatsache zu machen, wenn es fast von alleine geht? Ist es nicht spannend, etwas zu realisieren und sich dabei von einer geheimnisvollen Kraft helfen zu lassen?

Diese Kraft hat der Psychologe Mihaly Csikszentmihalyi beschrieben. Er hat das Erleben von Glück, Kreativität und religiösen Erfahrungen untersucht und dieses Phänomen als «Flow» bezeichnet, als «Fliessen». «Flow» bezeichnet das Gefühl scheinbar mühelosen Schaffens, das man erlebt, wenn man sich mit allen Sinnen und Gedanken auf die Handlung und das Ziel ausrichtet. Wenn man so in sein Tun vertieft ist, dass es fast wie von selbst verläuft. Konzentration, Sammlung und Selbstversunkenheit verbinden sich mit Engagement, Freude und beglückendem Erfolgserleben. Es ist eine Versunkenheit in das eigene Tun, obwohl es mit hohem Energieeinsatz und hoher Leistung verbunden sein kann. Kennen Sie das? Es entsteht ein Erleben von Zeitlosigkeit, Ewigkeit und Gegenwärtigkeit.

---

Beherzigen Sie das:

**Misserfolge sind nichts anderes als Brücken zum Erfolg.**

Setzen Sie sich an einen Fluss und blicken Sie aufs Wasser. Je länger Sie hinsehen, umso mehr verschmelzen Vergangenheit, Gegenwart und Zukunft. Es gibt nur noch dieses beständige Fliessen, das immer war, das immer ist und das immer sein wird. Wasser ist pure Energie, es fliesst an Hindernissen vorbei, über Klippen und Untiefen, es arbeitet unentwegt. Es passt sich den Gegebenheiten an, ist ausdauernd und es gibt sich nie geschlagen. *Wasser kommt immer ans Ziel.* Was auch immer das Ziel ist.

Mein heutiges Ziel ist Zernez. Eine wunderbare Strecke erwartet mich, vorbei an den idyllischen Ferienorten Bever, La Punt, Madulain, Zuoz und S-chanf mit ihren stilvollen Bauern- und Patrizierhäusern inmitten einer blumenreichen Landschaft. Durch dichten Wald geht es dann auf einer längeren Abfahrt am Dörfchen Cinuos-chel vorbei, das als Fraktion von S-chanf die letzte politische Ortschaft im Oberengadin ist. Und vorher noch werde ich einen Halt in Brail machen, auf den ich mich sehr freue, bevor ich in meinem Geburtsort Zernez eintreffe. Es ist reines Vergnügen, das ich mir mit der heutigen Tour beschere, das weiss ich. Und es ist einfach, diesen sonnigen Tag zu einem erfolgreichen Tag zu machen, an den ich mich gerne erinnern werde. An seine Erfolge soll man sowieso stets und oft denken. *Denn Erfolg ist der Schlüssel zu einem glücklicheren Leben.* Und Sie wissen schon: Ich meine damit nicht unbedingt ein möglichst hohes Honorar …

Um Erfolg zu haben, muss man sich aber auch die geeigneten Aufgaben stellen. Nicht zu einfache, denn das kann einen nicht mit Stolz erfüllen. Aber auch nicht zu schwierige Aufgaben, denn die frustrieren einen nur. Nein, es geht darum, sich und die Umwelt präzise einzuschätzen, um die richtigen Aufgaben anzugehen. Was also bedeutet für einen Manager Erfolg? Das Erreichen des Ziels. Anders gesagt: *Erfolg ist gleich Zielerreichung.* Dazu noch einmal die Fragen, die sich jeder zuvor stellen muss, bevor er sich zur Zielerreichung aufmacht:
- Ist mein Ziel trivial?
- Ist mein Ziel anspruchsvoll?
- Ist mein Ziel utopisch?

Auf den Alltag angewendet bedeutet das: Will ein normal grosser Mensch 60 Zentimeter überspringen, ist das ein triviales Ziel. Wenn er aber 130 Zentimeter überspringt, ist das ein anspruchsvolles Ziel. Dafür muss er sich anstrengen und trainieren. Will er jedoch zwei Meter zwanzig überspringen, ist das utopisch – ausser er ist ein Spitzen-Leichtathlet.

Schritte zum Erfolg 19:

**Um Erfolg zu haben, ist es entscheidend, die richtigen Ziele zu setzen. Setzen Sie sich keine einfachen Ziele, setzen Sie sich auch keine Ziele, zu deren Erreichung Glück notwendig ist. Setzen Sie Ihre Ziele immer so, dass Sie sich anstrengen müssen, um sie zu erreichen! Und vergessen Sie nie: Eine Idee ist erst gut, wenn sie umgesetzt ist.**

## Wie viel wollen wir wachsen?

Jedes Jahr fragte ich meine Mitarbeiter: «Wie viel wollen wir nächstes Jahr wachsen?» Denn meine Unternehmung wuchs stetig. Nicht um 20, 30 oder 40 Prozent. Das nenne ich nicht Wachstum, das nenne ich Glück. Nein, im Schnitt sind wir um 12 Prozent gewachsen. Das erscheint mir auch heute noch als ein gesunder Wert. Dabei ging es übrigens nie um einen monetären Wert. Wir stellten uns nicht die Frage, wie wir mehr Geld verdienen könnten. Wir stellten uns stattdessen immer die Frage: «Wie können wir mehr Kandidaten helfen, eine stimmige Lösung für ihre Zukunft zu finden?» Dass dies in der Regel zu einem höheren Verdienst führte, war die Folge, nicht der Ursprung unseres Tuns.

Wenn ich also mit meinen Mitarbeitern diese Frage diskutierte, hatten wir alle schon die Ergebnisse diverser Analysen vor uns, voneinander abweichende Prognosen und einen zunehmenden Erfahrungsschatz.

Die Antworten meiner Partner waren immer sehr aufschlussreich – und ähnelten sich über die Jahre: So meinte Mitarbeiter A: «Die Analyse zeigt, dass das Umfeld für uns schwieriger wird. Ich denke, es ist realistisch, wenn wir uns darauf konzentrieren, die gleiche Performance hinzukriegen wie im laufenden Jahr. So bewegen wir uns in einem realistischen Umfeld. Wenn der Markt weniger hergibt, wir aber gleich viel herausholen, na, dann ist das ja auch ein Erfolg.» Mitarbeiter B, ausgestattet mit den gleichen Basisinformationen, meinte: «Es ist doch nur eine Annahme, dass der Markt schwieriger wird. Hingegen sind wir sehr gut aufgestellt, und ich denke, dass wir mit steigendem Bekanntheitsgrad in der Lage sind, nahezu das gleiche Wachstum wie im laufenden Jahr zu erreichen. Das wäre doch ein grosser Erfolg.» Mitarbeiter C wiederum schätzte die Lage so ein: «Nun, wir alle wissen: Auch die besten Analysen können falsch sein. Der Markt wird schlechter? Erstens muss das nicht sein, zweitens müssen wir nicht auf den Markt blicken, sondern nur auf uns. Nie waren wir stärker, nie waren wir besser, und mich motiviert es, deutlich besser zu sein als im laufenden Jahr. Sonst machen wir doch etwas falsch, Leute. Also ich für mein Teil sehe es sehr positiv, und ich wäre enttäuscht, wenn uns im kommenden Jahr nicht einige Lucky Punches glücken und wir nicht locker ein Wachstum von 20 Prozent hinbekommen.»

Tja, so weit gingen die Meinungen jeweils auseinander. Das ganze Spektrum vom trivialen über das realistische, ambitionierte Ziel zum eher uto-

PROTOKOLL

# Samuel Ms. Mut zur Umsetzung

**Für die Neubesetzung des CEO bringt Samuel M. von den zur Auswahl stehenden Kandidaten die mit Abstand besten Fähigkeiten mit. Seine Neider aber setzen sich durch, er wird übergangen und muss sich wieder aufrappeln.**

Drei Kandidaten standen zur Wahl, als der CEO in Pension ging. Samuel M. wollte den Posten. Und er war überzeugt, die besten Karten – fachlich und persönlich – vorweisen zu können. Gewählt wurde dann aber weder der externe Kandidat noch er selbst, sondern sein Kollege aus der Konzernleitung. Frustriert und enttäuscht quittierte Samuel M. den Dienst nach 16 erfolgreichen Dienstjahren.

Den nächsten Karriereschritt wollte er sehr sorgfältig und eingehend prüfen. Also meldete er sich aus freien Stücken für eine umfassende Standortbestimmung und Neuausrichtung bei uns.

In den Vorgesprächen stellte ich fest, dass Samuel M. eine starke Persönlichkeit war, die ganz genau wusste, was sie wollte. Er akzeptierte nur die besten Vorgesetzten und Mitarbeitenden, stellte extrem hohe Anforderungen an sich und sein gesamtes Umfeld. Das half überhaupt nicht, sich Freunde in der obersten Leitung zu schaffen – im Gegenteil, er hatte auf seiner Stufe viele Neider und Gegner.

Meiner Meinung nach war dies der Grund, weshalb er den CEO-Posten nicht bekam – genau weiss es niemand, denn es gab keine offizielle Begründung. Dass er übergangen worden war, konnte er lange Zeit nicht verstehen. Samuel M. war unendlich enttäuscht. Mir hingegen war bewusst, dass derart starke, positive Eigenschaften, wie er sie mitbrachte, auf andere als Gefahr und Drohung wirken konnten.

Das Assessment zeichnete auf jeden Fall das Bild einer unglaublich brillanten Führungspersönlichkeit: Es paarte sich starke Führungskraft mit viel Energie auf der einen, aber auch Einfühlungsvermögen, überdurchschnittliche Intelligenz und starke Praxisorientierung auf der anderen Seite. Er verfügte über eine extrem hohe Leistungsbereitschaft und -orientierung, wirkte authentisch und überzeugend, brachte Empathie mit, Kundenorientierung, Belastbarkeit, starken Durchhaltewillen und ein ebensolches Durchsetzungsvermögen. Als würde das alles nicht schon reichen, zeigte er auch noch eine grosse Affinität für technische Kundenbedürfnisse, war teamfähig und extrem umsetzungsstark.

So viel Können und Energie in einer Person vereint – da kann man schon neidisch werden. Dabei war der Weg von Samuel M. ein schwieriger: Aus einfachen Verhältnissen stammend, ohne Vater, musste er immer mehr leisten als andere. Seine Mutter, eine Fabrikangestellte, ging abends und samstags zusätzlich Büros putzen, um Samuels Studium an der ETH mitzufinanzieren. Aber es lohnte sich: Nach Abschluss des Studiums trat Samuel M. eine gut dotierte Stellung in einer Unternehmensberatung an. Er stieg auf, heiratete, wurde Vater von zwei Buben. Er vergass in der Abklärung nicht zu erwähnen, wie gross der Anteil seiner Frau an seiner erfolgreichen Karriere war, da sie ihm den Rücken für die Arbeit freihielt.

Bei der Frage nach seiner Vision testeten wir einige mögliche Suchfelder wie Geschäftsführung, Leiter Technik, Leiter Marketing/Verkauf und selbständiger Unternehmer.

Zum Schluss entschied sich Samuel M. für die Unternehmer-Variante, die ihn am meisten reizte. Die Selbständigkeit aber ist immer auch ein Risiko. Da seine finanziellen familiären Verpflichtungen geringer geworden waren – seine Buben waren ausgebildet und seine Frau verdiente mit, traute sich Samuel M. etwas zu. Nach Rücksprache mit seiner Frau gründete er eine eigene Unternehmensberatung.

Der Entscheid hat sich gelohnt. Samuel M. arbeitet jetzt nach sieben Jahren zwar mehr als früher – aber mit ungleich mehr Freude, Spass und Motivation. Dazu befriedigt er endlich seinen grossen Freiheitsdrang und geniesst die grosse persönliche Autonomie jeden Tag aufs Neue. Kein Wunder, blüht seine Firma. Samuel M. ist das lebende Beispiel, wie man eine riesige Enttäuschung in wahres Glück verwandelt, indem man genügend Mut zur Umsetzung aufbringt.

pischen Ziel. Meine Devise blieb jedoch stets die gleiche. Ich sagte: «Unser realistisches Ziel ist, das Wachstum des Vorjahrs zu wiederholen.» Meine Mitarbeiter A, B und C konnten dann sehr lange darüber diskutieren. Der eine war sich sicher, dass wir das nie schaffen würden, der andere meinte, wir würden diesen Wert erreichen, wenn wir sehr konzentriert an die Aufgaben rangehen, während der dritte enttäuscht war, dass wir schon wieder nicht nach den Sternen greifen wollten, die ihm so nah erschienen.

«Und ein grosses Ziel», fuhr ich dann jeweils fort, «wäre es, 14 Prozent zu schaffen. Aber ohne, dass wir Tag und Nacht arbeiten. Sondern dann, wenn wir uns vom Glück helfen lassen. Wenn es denn vorbeischaut.» So redete ich mit meinen Leuten, in der Absicht, sie für das realistische Ziel zu begeistern. Für dieses mussten sie sich nämlich schon ziemlich anstrengen, und das war, was ich von ihnen forderte: Dass sie sich anstrengten. Um auf das Beispiel von vorhin zurückzukommen: 60 Zentimeter überspringt man vor dem Frühstück, aber für 130 Zentimeter muss man schon einige Male trainieren und sich verbessern wollen. 200 Zentimeter hingegen sind nicht realistisch, die schafft man nicht mit Training, sonder nur mit einer mächtigen Portion Glück. Ich wollte also Ziele setzen, die meine Leute nachvollziehen konnten. Dann würden sie sie auch unterstützen.

### Erfolg ist ... was folgt, wenn man sich anstrengt

Bei meinen Kandidaten, die ihre Stelle verloren hatten, lautete das Minimalziel stets: Wieder einen Job finden, damit die Existenz gesichert ist. Aus dem Schock heraus, plötzlich auf der Strasse zu stehen, ist das nachvollziehbar. Aber, ganz ehrlich gesagt, fand ich dies persönlich immer ein triviales Ziel. Ein Scheitern sollte doch zu mehr führen, als dass man sich wieder am genau gleichen Ort wiederfinden würde. Ein Scheitern sollte eine *Entwicklung* in Gang setzen mit dem Ziel, ein reflektierender Mensch zu werden mit einer Vision und dem Mut, diese Vision anzugehen und erfolgreich umzusetzen. Das waren meine Ansprüche in der Beratung. Das richtige Ziel, für das ich diese Kandidaten begeistern wollte, war, eine stimmige Lösung zu finden. Jene Lösung nämlich, die sich im besten Fall mit ihrer Lebensaufgabe deckte.

Ein richtig gesetztes Ziel erkennt man daran, dass man stolz ist, wenn man es erreicht hat. Ich finde das erstrebenswert. Wer kann schon stolz sein, wenn er das absolute Minimalziel erreicht hat? Erst das Erreichen des realistischen Ziels macht mich stolz. Ab und an gibt es dann den Lucky

«Nur wenn die Hände mit dem Kopf zusammenarbeiten, kann es Richtung Perfektion gehen», sagt Spitzenkoch Dario Cadonau.

Beherzigen Sie das:

**E** eigene
**R** Richtung
**F** finden
**O** optimale
**L** Lebensqualität
**G** gewinnen

Punch, die Erreichung des grossen Ziels, des utopische Ziels, des absoluten Traumziels. Wer sich diesen besonderen Traum erfüllen kann, darf selbstverständlich auch stolz sein. Aber er soll sich nichts darauf einbilden. Es ist schön, wenn so etwas klappt, aber nicht weiter schlimm, wenn es nicht erreicht wird. Für ein Traumziel arbeite ich nicht, dafür sollte ich keine zusätzliche Energie aufwenden. Das muss mir in den Schoss fallen. Aber für ein kleineres, dafür realistisches Ziel, dafür rackere ich mich gerne ab. Verstehen Sie, was ich meine? Glück, das ich mir erarbeite, hat eine andere Qualität, als wenn ich über Nacht zum Lottomillionär werde.

## Die Pampers-Mentalität

Performance und Leistung, das sind für mich positiv besetzte Begriffe. Über Qualität rede ich schon gar nicht, die setze ich voraus, sowohl bei mir als auch bei allen anderen. Es ist nun mal so: *Machen macht Menschen glücklich.* Für mich ist es keineswegs eine altmodische Haltung, sich Mühe geben zu wollen, sich anzustrengen, stets zu versuchen, das Bestmögliche abzuliefern. Ich finde es richtig, dass das Geben vor dem Nehmen kommt. Ich bin ebenso der Ansicht, dass es sogar richtig ist, *mehr zu geben,* als der andere erwartet. Darin liegt der Schlüssel zum Erfolg. Denn wir leben in einer Welt, in der man Leistung zeigen muss – und das ist gut so.

Umso erstaunlicher ist es, dass in der heutigen Zeit die Pampers-Mentalität zunimmt. Darunter verstehe ich die Haltung, Belohnung zu erwarten, ohne etwas zu leisten. Bei der Pampers-Mentalität kommt zuerst das Nehmen, dann das Geben. Auf den Punkt gebracht: Ich hatte Kandidaten, die um die 50 waren, mehrere Hunderttausend Franken verdienten – aber keinen Schimmer hatten, was Leistung bedeutet. Es ist traurig, das sagen zu müssen, aber dennoch eine Tatsache. Wir haben in der Beratung einigen Leuten erst beibringen müssen, was es heisst, zu arbeiten. Ich weiss, ich bediene damit ein Vorurteil, aber wir hatten doch tatsächlich Leute aus der Verwaltung und Bundesbetrieben, die angesichts meiner Forderungen sagten: «Also, Herr Grass, ich muss Ihnen nun etwas sagen: Das ist mir definitiv zu anstrengend mit Ihnen. Ich möchte bitte einen anderen Berater.» Nun, wissen Sie, es war nicht etwa so, dass ich Unmögliches gefordert hätte, nein, sondern nur, dass er jeden Werktag eine Bewerbung schreibt. Macht nach Adam Riese fünf Bewerbungen pro Woche. Ja, natürlich, eine Bewerbung erledigt sich nicht in 20 Minuten, sondern manchmal dauert das auch zwei Stunden oder sogar einen halben Tag.

Aber, ich bitte Sie, solche Leute waren bei vollem Lohn monatelang freigestellt und die Outplacement-Beratung war ihnen auch bezahlt worden. Ich konnte es nicht fassen, wenn mir solche Leute sagten: «Ich will doch jetzt nicht auf einmal mehr arbeiten als vorher.»

Kandidaten, die an ihrer letzten Stelle einen fetten Lohn verdienten, aber ganz offensichtlich kaum etwas leisten mussten, die brachten mich auf die Palme. Sie hatten einfach Glück gehabt, waren vielleicht zum richtigen Zeitpunkt am richtigen Ort oder hatten Beziehungen. Und wie ich schon vorhin sagte: Wer etwas erreicht, ohne dafür gearbeitet zu haben, ist nicht erfolgreich, sondern hatte einfach nur Glück.

Unsere Firma hat mehr als einem Kandidaten das Arbeiten erst beibringen müssen. Wären nur solche Leute zu uns in die Beratung gekommen, ich hätte wohl meine Tätigkeit irgendwann an den Nagel gehängt. Aber ich hatte auch Kandidaten, die täglich drei, vier, fünf Bewerbungen verfassten. Die sich richtig ins Zeug legten, die immer etwas weiter gingen, als man von ihnen verlangte. Das sind die richtig guten Leute. Die, die es verstanden haben, dass man nicht *von* sondern *für* etwas leben muss, um glücklich zu werden.

## Von Fertigkeiten und Fähigkeiten

Jemand, der dieses «Für-etwas-Leben» konsequent anwendet, lebt in Brail, einem kleinen Weiler mit zwei Dutzend Häusern, kurz vor Zernez gelegen. Eines dieser Häuser ist aussergewöhnlich. Sehr aussergewöhnlich. Wie aus dem Nichts taucht am Strassenrand ein Hotel mit hochklassigem Restaurant auf, ein Haus, das man hier nie und nimmer erwarten würde. Hier halte ich an, stelle mein Bike ab und genehmige mir auf der Terrasse ein Wasser. Zugegeben: eines der teuersten Wasser, das man auf dieser Route trinken kann. Denn das «In Lain» von Dario Cadonau orientiert sich kompromisslos bis ins letzte Detail an höchster Qualität. Das ist seine Philosophie, das ist seine Wahl. Und wir, die Gäste, entscheiden, ob wir uns diese Qualität leisten wollen oder nicht.

Mich beeindruckt das. Auch deshalb, weil ich genauso denke. Nehme ich mir etwas vor, dann will ich es gut machen, dann will ich das Beste daraus machen. Es gibt keine halben Sachen. Es gibt nicht das schnelle Geld. Es gibt nur den Willen, das Maximale zu geben. Und auf der anderen Seite ein Empfänger, der diese Qualität sucht.

---

Beherzigen Sie das:

**«Machen» kann glücklich machen!**

PROTOKOLL

# Der tiefe Fall des Wolfgang S.

**Wolfgang S. geniesst ein immenses Ansehen als Forschungsleiter und Professor. Doch Hochmut kommt vor dem Fall – und wenn die Fallhöhe besonders gross ist, kann der Aufprall fatal sein.**

Wolfgang S. ereilte die Kündigung nach 17 Jahren. Der damals 55-Jährige war nicht ganz unschuldig daran. Gewiss, er war überdurchschnittlich intelligent, extrem erfolgreich und prominent. Aber er bildete sich auch sehr viel darauf ein. Zuviel, wie sich herausstellte.

Sein Arbeitgeber hatte ihn bereits mehrmals darauf hingewiesen, dass seine rechthaberische und arrogante Art im Umgang mit Mitarbeitenden, Kollegen und Vorgesetzten nicht zu den Werten der Firma passe. Wolfgang S. ignorierte die Hinweise und verwies darauf, dass er einer der grössten und besten Entwickler sei und zudem Uni-Professor. Ganz offensichtlich mache er doch alles richtig – also müsse ihm niemand sagen, wie er zu sein habe!

Und doch kam der Tag, an dem seine Welt zusammenbrach: Wolfgang S. hatte das Spiel zu bunt getrieben und wurde entlassen. Er kämpfte dagegen an, aber seine Wiedererwägungsgesuche bis in die alleroberste Hierarchie brachten ebenso wenig wie der Versuch, die Kündigung auf rechtlichem Wege anzufechten.

Sein Arbeitgeber, der sich ernsthaft bemühte, offerierte ihm ein Outplacement bei uns. Die Absicht war, dass der Professor von externer Seite den Spiegel vorgehalten bekäme und endlich realisieren würde, was sein Problem war. Das Outplacement lehnte er zunächst ab. Was sollte er von einem kleinen Würstchen wie mir, dazu noch einen Nichtakademiker, denn lernen? Wir konnten ihm aber aufzeigen, dass wir in seiner Branche schon grossen Kalibern zu einer neuen Herausforderung verhelfen konnten. Also willigte er ein.

Die Arbeit mit ihm war von Anfang an schwierig. Er war ein unerschütterlicher Besserwisser, der dauernd durchblicken liess, dass er mir um Welten überlegen war. Mir war das egal, ich hatte einen Auftrag, und letztlich erklärte er sich bereit, eine Selbstanalyse durchzuführen.

Diese zeigte mir rasch auf, welche Werte in seinem Leben zählten. Die Familie S. lebte zusammen mit den beiden Kindern, 19 und 22 Jahre alt, auf sehr grossem Fuss. Eine repräsentative Villa in der Schweiz und eine nicht minder prächtige Hacienda in Spanien waren die beiden wichtigsten Immobilien. Sie besassen zusammen fünf Autos. Eine Hausangestellte hielt Ordnung im Haus. Die Frau von Wolfgang S. hatte dafür keine Zeit, denn sie verbrachte ihre Tage mit grossen Reisen oder Shopping.

Das Bild, das er von sich selber hatte, und das Fremdbild, das unsere Analyse ergab, klafften weit auseinander. Zunächst versuchte Wolfgang S. deshalb, das Fremdbild als Humbug hinzustellen. Wir zeigten ihm aber auf, dass sein Verhalten von nahezu allen anderen als inakzeptabel taxiert wurde, als überheblich und verletzend. Wir mussten ihm deutlich machen, dass er weder beliebt war noch bewundert wurde, wie er glaubte. Doch zu wanken begann er erst, als auch die Universität sein Pensum strich. Es war, als würde ein Kartenhaus zusammenbrechen. Zuerst verlor Wolfgang S. sein Gesicht, dann die Stelle und zuletzt den übrig gebliebenen Einkommensteil.

Für jemanden, der das Geld mit beiden Händen ausgab, war das eine Katastrophe. Auch das öffentliche Image litt. In einer gemeinsamen Sitzung bezeichnete ihn seine Ehefrau als «totalen Versager». Sein Selbstbewusstsein bröckelte. Das Geld fehlte auf einmal an allen Ecken und Enden und als er seiner Frau das monatliche Taschengeld von 3000 Franken erstmals nicht mehr zahlen konnte, drohte sie damit, ihn zu verlassen. Der Professor begann darauf zu trinken.

Der Alkohol verschärfte seine Probleme natürlich. Seine Frau reichte tatsächlich die Scheidung ein. Wolfgang S. fiel in eine Depression. Er hatte alles verloren: Prestige, Geld und Gefährtin. Es folgte der Zusammenbruch, die nächste Station war die Psychiatrie.

Ein tragischer Fall. Unser Versuch, etwas zu retten, scheiterte. Denn da war schon lange keine gesunde Basis mehr vorhanden. Fazit: Der Fall von Wolfgang S. zeigt, wie wichtig es ist, die Bodenhaftung nie zu verlieren und ein intaktes Umfeld zu pflegen. Lebenskompetenz ist hier gefragt, die Fähigkeit, realistisch zu bleiben, dankbar zu sein, sich die richtigen Ziele zu setzen und nicht abzuheben.

Für maximale Qualität stellt sich auch nie die Frage nach dem Aufwand. Ich hatte, als ich noch voll im Berufsleben stand, nie Stress mit der Arbeit. Ich hatte nur Stress mit den Folgen meines Arbeitseifers: dass nämlich andere damit Probleme bekamen, denen ich zu schnell, zu gründlich, zu fordernd war. Der Begriff Work-Life-Balance war für mich kein Thema, denn Arbeit und Leben waren für mich dasselbe. Eine Disbalance entstand höchstens dann, wenn jemand anderer gehörig in mein Leben reinfunkte.

Der Kellner avisiert seinen Chef und kurz darauf kommt Dario Cadonau an meinen Tisch. Ein grossgewachsener Mann mit einem gewinnenden Lächeln. Das Erstaunlichste aber ist: Dario ist sehr jung, nur wenig über 30 Jahre alt. Aber doch schon so fokussiert und erfolgreich, dass die Schweizer Medien von seiner Kochkunst in höchsten Tönen schwärmen, dass die NZZ am Sonntag über das Hotel schrieb: «Ein Musterbeispiel für die weltweite Tendenz, dass Hotel und Standort eine spürbare Liaison eingehen, ist das neue IN LAIN Hotel Cadonau in Brail im Engadin.»

Es muss nicht immer Kaviar sein ... Ein Wurst-Käse-Salat vom Fünfsterne-Koch ist genauso ein kulinarisches Erlebnis.

«Meine Eltern erzählen mir noch heute, wie ich das Engadinerhaus der Grosseltern auf meinen Kinderzeichnungen als Hotel darstellte – und mich davor als Hotelier», sagt Dario. In der Kochlehre setzte sich dann in seinem Kopf die Idee fest, das 450-jährige Haus in einen Gastronomiebetrieb umzuwandeln. Dario schloss mit Bravour ab, arbeitete bei den renommiertesten Adressen, um sein Handwerk zu perfektionieren und machte sich gleichzeitig daran, aus der Idee eine Tatsache zu machen, den Worten Taten folgen zu lassen, seinen Traum zu realisieren. Auch das tat er mit Bedacht, mit Intelligenz, Disziplin und Fleiss. Er orientierte die Dorfbevölkerung über seine Pläne, und als die Banken ihm keinen Kredit für den Umbau des Hauses gewährten, packte er die Aufgabe kurzerhand selber mit Hilfe seiner Familie an.

Dario geht ins Haus, um seine neueste Errungenschaft zu holen und mir zu zeigen. Ich trinke mein Wasser aus, geniesse den Rundblick auf die Talseiten, auf das wundervoll renovierte Engadinerhaus, den modernen, neuen Anbau. Dann kehrt Dario zurück, in den Händen hält er ein Kochbuch.

Die Rezepte darin sind aufwendig, die mehrgängigen Menüs derart luxuriöse kulinarische Reisen, dass sie meiner Ansicht nach unmöglich nachzukochen sind. «Man kann auch einzelne Gänge auswählen, das ist dann nicht so aufwendig», entgegnet er auf meine Bemerkung hin. Später lese ich im Textteil, was Dario darüber sagt, wie aus Ideen Tatsachen, in seinem Fall natürlich kulinarische Höhenflüge, werden: «Was ein Koch aus seinen Fertigkeiten und Fähigkeiten macht, ist nicht nur eine Frage des Könnens, sondern zunächst eine Frage der Vorstellung. Wer den Standard verlassen möchte und sich damit auch auf unsichere neue Wege begibt, braucht eine Vision, braucht unbedingt das innere Bild einer konkreten Vorstellung. Wie weit diese realisierbar ist, stellt sich meist schnell heraus, und gerade in Pfannen und Töpfen gibt es herbe Rückschläge. Wer da nicht genügend Ehrgeiz mitbringt, wird schnell den Mut verlieren, denn Kochen kann, auch bedingt durch physikalische und chemische Grenzen, sehr ernüchternd sein.»

Dario sieht alles andere als ernüchtert aus. Warum auch: Er ist erfolgreich. Das strahlt er mit jeder Faser aus, ebenso wie seine Kompetenz. Seine Leidenschaft und sein Qualitätsbewusstsein imponieren mir, auch seine Definition, was Kochkunst ist: «Perfektion kennt nicht nur einen Weg. Es gibt Nuancen und Feinheiten, die letztlich den Stil und die Handschrift eines Kochs ausmachten. Nur wenn die Hände mit dem Kopf zusammenarbeiten, wenn sich die Idee in der formenden Kreativität der Hände widerspiegelt, kann es überhaupt in Richtung Perfektion gehen und sich das Kochen von einer monotonen, eingeübten Tätigkeit unterscheiden und zur Passion werden.»

Schritte zum Erfolg 20:

**Leben Sie nicht von etwas, leben Sie für etwas!**

In diesen Sätzen spiegelt sich die Basis, die notwendig ist, um etwas Grosses realisieren zu können. Erfolg ist immer das Zusammenspiel der rechten und der linken Hirnhälfte, also die Kombination von Kreativität und Analytik. Um Erfolg zu haben, muss man auf der einen Seite strukturiert sein, analytisch, systematisch und logisch. Auf der anderen Seite muss man aber auch kreativ sein, emotional, fantasievoll und empathisch. Ganz zufrieden und angeregt – denn es regt mich immer an, erfolgreichen Menschen zu begegnen –, mache ich mich zum letzten Teilstück nach Zernez auf.

## Die zwei Hirnhälften

Als ich wieder auf dem Mountainbike sitze und der Fahrtwind etwas Abkühlung bringt, muss ich daran denken, wie sträflich die Kreativität in der Geschäftswelt vernachlässigt wird. In kleinen Unternehmen müssen wenige vieles machen. Das war auch in meiner Beratungsfirma so. Und das ist gut. Aber in Konzernen wird nur das Spezialistentum gefördert. Das führt für den Einzelnen oftmals in eine Sackgasse.

Wir hatten einen Kandidaten, der lange in einem grossen und traditionsreichen Unternehmen der Maschinenindustrie arbeitete. Ein ausgezeichneter Mann, wie unsere Analyse ergab, ein brillanter Kopf. Er landete bei uns im Outplacement, weil er bei der Beförderung übergangen worden war. Ein anderer wurde ihm vorgezogen, denn, so unser begründeter Verdacht, der CEO suchte bewusst jemand Schwächeren, den er kontrollieren konnte. Er war grossartig. Ich kann mich nicht erinnern, dass wir je einen auf allen Ebenen so talentierten Mann hatten. Er war vielfältig begabt, viel begabter, als er selber dachte, und wir konnten ihn davon überzeugen, dass er Grosses wagen sollte. Das tat er. Er entschloss sich zur Selbständigkeit und bereits nach Ablauf eines Jahres hatte er neun Mitarbeiter. Ich habe seinen Weg während Jahren verfolgt und so lange ich das beurteilen konnte, ging es immer aufwärts.

Ich konnte vielen Leuten in der Abklärung aufzeigen, dass sie, entgegen ihrer Auffassung, sehr wohl Stärken in beiden Bereichen hatten, dass sie sowohl analytisch als auch kreativ waren. Sie selber hatten es zuvor nie bemerkt, weil im Konzern gar nie beides verlangt wurde. Viele, zu viele Menschen in der Wirtschaft sind konditioniert, eingepasst von A bis Z in ein System, in dem nichts anderes verlangt wird, als ein Zahnrädchen im Ganzen zu sein. Ohne Rücksicht darauf, ob dieses Zahnrädchen noch viel mehr drauf hätte, als sich in der gewünschten Richtung mit dem gewünschten Tempo zu drehen. Das führt dazu, dass viele von uns gar nicht wissen, was noch alles in ihnen selber schlummert. Das führt dazu, dass viele von uns gar nie die Erfolge feiern, die sie feiern könnten.

Oft sind wir oder werden wir einfach blockiert. Wir sind umgeben von Wehren und Dämmen, wie man das auch immer nennen will, eingezwängt in ein System, das uns nicht in unserer Ganzheit, sondern nur als Fragment will. Aber wie das Wasser sich letztlich immer einen Weg bahnt, so ist auch der Fokussierte nicht aufzuhalten. Es gelang uns in der Beratung mehrmals, Kandidaten davon zu überzeugen, dass sie auf breiter Ebene talentiert sind. Das öffnete die Schleusen, riss die Blockaden ein, und es begann zu fliessen.

### Erfolgsfaktor Wollen und Können

«*Wollen*» und «*Können*» sind wichtige Begriffe aus dem Erfolgs-Vokabular. Machen wir gleich den Test: Beginnen Sie einige Sätze mit «Ich will …» und beenden Sie diese. Sie werden staunen, was Sie sich sagen hören. Be-

Beherzigen Sie das:

**Engagement ist der kürzeste Weg zum Erfolg!**

ginnen Sie auch einige Sätze mit «Ich kann …», und erneut werden Sie womöglich überrascht sein, was Sie können. Manchmal muss man gewisse Dinge einfach mal aussprechen – und aus unserem Unterbewusstsein formen sich ganz verblüffende Erkenntnisse.

Aber wissen Sie was? Meine jahrelange Erfahrung hat mir gezeigt: Längst nicht alle Führungskräfte wollen erfolgreich und glücklich sein. Sie glauben, es gehöre zum Managerdasein, überfordert, übermüdet und frustriert zu sein. Solche Menschen sind ein ziemlich grosses Stück weit vom Glück entfernt. Warum fragen sie sich nicht, was sie können oder was sie wollen? Fehlt es ihnen an Mut? Haben sie Angst, Grenzen zu überschreiten? Kennen sie überhaupt die Person, die ihnen im Spiegel jeden Morgen entgegenschaut?

Auf jeden Fall haben diese Leute nicht den Mut, ihre vermeintlich sichere Komfortzone zu verlassen. Persönliche und fachliche Entwicklung findet aber nur dann statt, wenn man bereit ist, sich mit sich selber auseinanderzusetzen. Das erfordert, dass man sich infrage stellt, sich selber zuhört. Aber viele halten lieber den Spatz in der Hand und lassen die Taube auf dem Dach oben. Lieber riskieren sie nichts, lieber brechen sie nicht auf und schauen mal, ob schon hinter der nächsten Ecke irgendwo das grosse Glück wartet. Dafür verharren sie lieber in den Niederungen und bringen als kleinen Trost einen grossen Lohn nach Hause. Solche Menschen sind – noch – keine Realisatoren.

### Erfolgsfaktor Beweglichkeit

Wie wird man zum Realisator? Indem man beweglich ist, indem man flexibel handelt. Können Sie sich auf neue Situationen einstellen? Können Sie sich vorstellen, 10 Prozent weniger zu verdienen? Oder etwas ganz anderes machen? Oder ein Lernjahr einzuschalten, um dann richtig durchzustarten?

Wenn ich von Beweglichkeit spreche, dann meine ich das wörtlich. Es war mir immer wichtig, meine Kandidaten auf ihre körperliche Fitness hinzuweisen. Vor allem und mit Nachdruck dann, wenn diese kaum vorhanden war. Wer mit dem Kopf arbeitet, muss für eine erfolgreiche Karriere erst recht fit sein. Körper, Seele, Geist müssen gesamthaft funktionieren, will der Mensch *Erfüllung, Erfolg und Glück erlangen!* Manchmal reichen 15 Minuten täglich aus, um vital, froh und gesund zu werden oder es zu bleiben.

Nach Brail steigt es noch einmal an: «Wir leben in einer Welt, in der man Leistung zeigen muss.»

Ich hatte Kandidaten, die waren erst 48 Jahre alt, aber schon krank und dick. Durch unsere Impulse beschlossen sie, ein neues Leben zu beginnen; nicht nur beruflich, sondern auch körperlich und seelisch. Damit kam die Freude an der Bewegung und am Sport zurück, sodass sie sich in kurzer Zeit wieder fitter und sogar selbstbewusster fühlten. *Erfolg folgt auf Anstrengung.* Je gesünder man ist, desto mehr Kraft hat man, sich anzustrengen.

Kennen Sie das Wort Resilienz? Es steht für Robustheit und Anpassungsfähigkeit und angewendet wird es für elastisches Material, das nach starker Verformung wieder in den Ausgangszustand zurückkehren kann. Und sagt Ihnen der Begriff Persistenz etwas? Es bedeutet Durchhaltewillen und Stehvermögen. Auch das sind wichtige Erfolgsfaktoren, die umso stärker wirken, wenn man körperlich fit ist. Und ob Sie es glauben oder nicht, auch Freundlichkeit kann für den Erfolg entscheidend sein.

## Erfolgsfaktor Netzwerk

Ich hatte einen Kandidaten, der sehr erfolgreich für eine grosse Schweizer Firma den Fernostmarkt bearbeitete. Als der CEO des Unternehmens wechselte, verlor er seinen Job, weil er sich mit dem neuen nicht verstand. Er war knapp über 50 Jahre alt und seit langem weit weg vom Schweizer Markt. Die Ausgangslage war also herausfordernd.

Als er ins Outplacement kam, wusste er bereits, dass er fortan in der Schweiz bleiben wollte. Er plante, sich mit seiner Familie in der alten Heimat niederzulassen, sich neu zu orientieren und für das letzte Drittel seines Berufslebens noch einmal richtig durchzustarten. Ich erinnere mich gut an das gemeinsame Treffen mit ihm und seiner Frau. Wir redeten angeregt über Gott und die Welt, doch mit der Zeit zeigte sich, dass die Gattin des Kandidaten ziemlich verzweifelt war.
«Wir waren doch so lange weg von der Schweiz. Wie sollen wir hier je den Anschluss finden?», meinte sie.
«Wissen Sie, auf Ihrem Niveau müssen wir Ihr Netzwerk aktivieren. Die für Sie infrage kommenden Stellen befinden sich auf dem versteckten Markt», beruhigte ich sie.
«Aber wir kennen doch niemanden hier», sagte sie. Und er fügte sorgenvoll an: «Sie wissen ja, dass wir sehr lange im Ausland waren.»
«Dennoch bitte ich Sie, sich an alle Ihre Kontakte zu erinnern.»
«Ach, die waren alle nur oberflächlich. Mal eine Karte zu Weihnachten, mal ein Telefongespräch, mehr war da nie», erklärte er.

Am Zusammenfluss von Inn und Spöl: «Hauptsache, jeder weiss, welcher sein Weg zur Natur ist.»

«Wie auch immer: Machen Sie bitte bis zu unserem nächsten Termin eine Liste aller Leute, die Sie in der Schweiz kennen», sagte ich.

Wissen Sie was? Der Kandidat erschien zum nächsten Termin mit einer Liste von sage und schreibe über 100 Namen. 100 Leute! Ich war entzückt. Wir erarbeiteten eine Strategie, und er schrieb an alle Kontakte einen Brief. Darin stand unter anderem, er sei über 50 Jahre alt, würde gern in der Schweiz arbeiten und wieder hier Wurzeln schlagen. Der Erfolg war überwältigend. Es kamen sehr viele freundliche Antworten und 20 Einladungen zu Gesprächen! Es dauerte nicht lange, und schon hatte er drei konkrete Job-Offerten auf dem Tisch. Unter anderem hätte er selber Headhunter werden können. Obschon er ein Jahr Zeit gehabt hätte, um einen neuen Job zu finden, trat er bereits nach einem halben Jahr in einen Grosskonzern als Spartenleiter ein.

Wer sein Netz pflegt, und sei es nur durch ein, zwei Karten jährlich oder einen gelegentlichen Telefonanruf, der arbeitet aktiv am Erfolg – nämlich dann, wenn der Erfolg bedeutet, eine neue, gleichwertige oder sogar bessere Stellung zu finden. Ich sage es gern noch einmal: Von nichts kommt nichts. Man muss sich stets bemühen, sich immer anstrengen, nie die Zügel schleifen lassen. Und man muss dabei authentisch bleiben und nicht berechnend vorgehen. Freundlichkeit und Aufmerksamkeit sind Charaktereigenschaften, die man lernen kann und die einen weiterbringen. Das ist das Prinzip vom Säen und Ernten. Wer gibt, bekommt zurück. Und verborgene Kräfte beginnen zu wirken, wie die Strömung eines Flusses, der einen Schwimmer schneller an das Ziel bringt.

## Auf zur Quelle

Nach langer Schussfahrt erreiche ich Zernez. Ich halte an, lehne mein Bike an einen Baum und steige zum Inn hinab, der sein Flussbett zwei Meter tiefer in die grüne Landschaft gelegt hat. Als Junge habe ich hier einige Male Forellen gefischt. Und einige Dutzend Meter flussaufwärts, wo der Spöl aus Italien in den Inn mündet, fischte ich Aeschen. Aber das habe ich bald sein lassen. Fischen ist nicht so mein Ding. Ich anerkenne, dass andere beim Angeln durchaus in eine kontemplative Stimmung versinken und eins werden mit der Natur, aber meine Art, die Natur in ihrer Ganzheit zu erleben, ist es nicht. Ich will mich lieber in ihr bewegen. Hauptsache, jeder weiss, welcher sein Weg zur Natur ist; ob ruhend am Ufer oder gehend am Berg, ist letztlich egal.

Ich steige wieder auf mein Bike und fahre am Bahnhof vorbei zu einer Lagerhalle, die angeschrieben ist mit «Getränke Grass». Hier treffe ich meistens meinen Bruder an, dessen Sohn unterdessen den Getränkehandel leitet. Er ist tatsächlich auch heute da und freut sich, mich zu sehen. Mir geht es genau gleich. Wir reden ein wenig über das Geschäft, über die Schwierigkeiten, mit den Grossen der Branche verhandeln zu müssen, wenn man selber nur kleine Mengen umsetzen kann, und über die Strategien, wie man dennoch erfolgreich sein kann.

Als ich nach einer halben Stunde wieder aufs Bike steige, schaue ich mir das Dorf an, in dem ich aufgewachsen bin. Es sind einige neue, sehr moderne Häuser gebaut worden. Ein schlichter Betonkubus taucht auf, das Nationalparkzentrum, dann gelange ich durch den alten, beim grossen Brand Ende des 18. Jahrhunderts verschonten Dorfteil: Häuser im Engadiner Stil mit dicken Mauern, runden Eingangstoren und tief eingelassenen Fenstern. Übergangslos geht es in den von italienischen Architekten und Maurern aufgebauten Teil, der nach der Katastrophe erbaut wurde: hochragende Flachdachhäuser mit vielen grossen Fenstern. Nach drei, vier Kurven stehe ich vor meinem Geburtshaus und stelle fest: Auch wer mit dem Strom schwimmt, gelangt an seine Quelle.

**Am Ziel und an der Quelle: das Elternhaus in Zernez.**

**ÜBUNG**

# Sind Sie leistungsfähig?

## Finden Sie heraus, wie fit Sie sind!

Beantworten Sie die folgenden Fragen und geben Sie sich Punkte: 2 Punkte, wenn Sie mit «immer» antworten können, 1 Punkt, wenn Sie mit «manchmal» antworten, keinen Punkt, wenn Ihre Antwort «nie» lautet:

**1) Können Sie mit Stress umgehen?**
Mässiger Stress kann zu einem höheren Adrenalinspiegel und damit zu höherer Leistung führen. Aber gehen Sie mit den körperlichen Auswirkungen richtig um. Finden Sie Ihr Ventil, ob in der Familie, im Sport, in der Meditation.

**2) Erkennen Sie jeweils, was Sie in gewissen Situationen selber kontrollieren können und was nicht?**
Befassen Sie sich mit dem, was Sie selber kontrollieren können. Verschwenden Sie keine Zeit an Dinge, die nicht in Ihrem Verantwortungsbereich liegen. Ziehen Sie diese Grenze strikt, das verbessert Ihr mentales Gleichgewicht und somit auch Ihre Leistung.

**3) Fällt es Ihnen leicht, negative durch positive Gedanken zu ersetzen?**
Es ist entscheidend, die Denkweise ändern zu können. Egal, wenn das nicht von einem Augenblick auf den andern möglich ist. Wichtig bleibt, dass Sie sich aktiv bemühen, in der Situation das Positive ans Licht zu zerren, auch wenn dadurch das Negative noch nicht verschwindet. Nur so können Sie aktiv und leistungsfähig bleiben.

**4) Können Sie Erfolge visualisieren?**
Stellen Sie sich vor, wie es sein wird, die jeweiligen Herausforderungen anzunehmen und, vor allem, zu meistern. Denn: Sehen Sie den Gewinn aus einer Aufgabe vor sich, wird es Ihnen leichter fallen, konstant gute Leistung zu erbringen.

**5) Konzentrieren Sie sich auf Ihre Stärken?**
Sagen Sie sich immer wieder, was Sie können. Und setzen Sie das, was Sie können, immer wieder ein. So erreichen Sie Ihre Etappenziele. Managen Sie Ihre Schwächen, delegieren Sie Bereiche, in denen Sie schwach sind, und fokussieren Sie auf den Erfolg.

**6) Können Sie über längere Zeit motiviert bleiben?**
Nehmen Sie an den richtigen Rennen teil, stecken Sie die Ziele nicht zu hoch und nicht zu tief. Legen Sie nicht Ihren gesamten Enthusiasmus in den Start. Ein Rennen wird nicht dort und auch nicht in der ersten Kurve gewonnen.

**7) Haben Sie Rituale, die Ihnen helfen?**
Mit Aberglauben erreichen Sie nichts, aber wenn Sie sich selber so gut kennen, dass Sie wissen, mit welchen Tricks Sie mehr erreichen, dann wenden Sie diese an. Sei es, dass Sie sich in einer bestimmten Kleidung sehr wohl fühlen, sei es, dass Sie am Morgen einige Schritte durch den Wald oder den Park mit bewusstem Atmen machen.

**8) Konfrontieren Sie sich sofort mit Ihren Niederlagen?**
Bauen Sie Ihre emotionale Widerstandskraft auf, indem Sie jeder Niederlage einen positiven Aspekt oder eine Lehre abgewinnen. Das ist die beste Art, um sinkendes Selbstbewusstsein zu vermeiden und motiviert zu bleiben.

**Resultat:**
20 bis 24 Punkte: Gratulation! Sie sind bestens gerüstet, um starke Leistungen zu erbringen!
16 bis 19 Punkte: Wenn Sie jetzt noch im einen oder anderen Bereich Ihre Fertigkeiten und Fähigkeiten optimieren, dann werden Sie schon bald Höchstleistungen erbringen!
15 und weniger Punkte: Sie nutzen noch nicht Ihr gesamtes Potenzial. Halten Sie inne und reflektieren Sie. Suchen Sie sich einen Ausgleich, der Ihnen Kraft schenkt und mit Ihrem Umfeld kompatibel ist.

# KONKLUSION

… oder warum PASSION der Schlüssel zum Glück ist.

**Dienen,
Wirkung,
Nachhaltigkeit**

Die Mischfarbe Violett ist die
Farbe des Dienens, Glaubens
und der Harmonie. Violett steht
für Mystik, es ist die Farbe der
Ideale, der Erkenntnis, der
Vollkommenheit und Geistigkeit.

Reflektieren Sie, gebären Sie Visionen! Präsentieren Sie sich im besten Licht und motivieren Sie sich. Und dann legen Sie los! Strengen Sie sich an! Mit aller Kraft. Mit Schub. Sie werden Erfolg haben. Aber dann? Was folgt auf den Erfolg? Können Sie echte Leidenschaft entwickeln, um zum wahren Glück zu finden? Heben Sie mit mir ab und entdecken Sie, worauf es im Leben wirklich ankommt!

Kennen Sie das Märchen von der grössten Kraft des Universums? Es erzählt von den Göttern, die zu entscheiden hatten, wo sie die grösste Kraft des Universums verstecken sollten. Sie brauchten ein gutes Versteck, damit der Mensch diese Kraft nicht finden könne, bevor er dazu reif sei. Einer der Götter schlug vor, sie auf der Spitze des höchsten Berges zu verstecken. Aber nach einiger Überlegung erkannten sie, dass der Mensch den höchsten Berg ersteigen und die grösste Kraft des Universums finden würde, bevor er dazu reif sei.

Ein anderer Gott sagte: «Lasst uns diese Kraft auf dem Grund des Meeres verstecken.» Aber wieder erkannten sie, dass der Mensch auch diese Region erforschen und die grösste Kraft des Universums finden würde, bevor er dazu reif sei. Schliesslich sagte der weiseste Gott: «Ich weiss, was zu tun ist.»

Wissen Sie es? Was könnte das beste Versteck sein? Nun, ich will das Ende des Märchens noch nicht verraten. Aber die Idee, diese Kraft zwischen den Wolken zu verstecken, wäre mittlerweile auch keine gute mehr. Dem Menschen ist es vor über hundert Jahren gelungen, die Lüfte zu erobern.

Eine grossartige Sache, so ganz nebenbei! Ich finde es fantastisch, ab und zu in die Luft zu gehen. Denn damit schaffe ich Distanz zur Erde. Endlich mal muss ich nicht mit beiden Füssen auf dem Boden stehen, sondern darf abheben. Und das tut gut. Der Blick aus der Vogelperspektive hat nun mal einen gewichtigen und heilsamen Vorteil: Man sieht das ganze Bild.

Man verliert sich nicht in den Tiefen der Details, man bleibt nicht an Orten stecken, wo gerade der Schatten hinfällt, wo es gerade regnet oder blitzt und donnert. Wer das ganze Bild sieht, erkennt, dass auch immer irgendwo die Sonne scheint.

Und, ja natürlich, wir bleiben auch in diesem letzten Kapitel in meinem geliebten Engadin. Verzeihen Sie mir meine Begeisterung und Leidenschaft für diesen Flecken Land. Ich liebe es nun mal hier und wähne mich am schönsten Ort der Welt. Wenn dieser für Sie irgendwo anders liegt, ist das kein Problem. Hauptsache, Sie spüren grosse Emotionen für Ihre Heimat. Es kann ja auch ein wildromantisches Flussufer sein oder eine stilvolle Häuserzeile in einer Altstadt, der Apfelbaum im Garten oder die Aussicht vom Balkon, das nette Café um die Ecke oder die Ruhebank am Waldrand.

Im Grunde genommen beginnt die unglaubliche Schönheit der Welt direkt vor der eigenen Nasenspitze.

Man muss das nur wollen.

Und genauso ist es eine Frage des Willens, wenn es einem wirklich ernst ist, glücklich sein zu wollen.

Womit man jederzeit beginnen kann.

## Am Start

Vom Flugplatz Samedan aus gibt es verschiedene Rundflüge mit Helikoptern zur Auswahl, das ist allein eine Frage des Preises. Wobei die Rundflug-Tarife sich nicht an den luxuriösen Düsenflugzeugen des Jetsets orientieren, sondern ganz vernünftig sind. Samedan gilt als einer der anspruchsvollsten Flugplätze weltweit. Das hat mit der Topografie, den Windverhältnissen und der Höhe über Meer zu tun. Hier beginnt der Höhenflug ja bereits auf 1700 Meter. Freudig nähere ich mich dem gelben Heli und steige … Moment, natürlich lasse ich meiner Frau den Vortritt. Sie klettert zuerst hinein. Nun ja, geteiltes Glück kann ja auch doppeltes Glück sein, nicht wahr? Katrin begleitet mich auf dem Rundflug. Wir hatten soeben noch ein nettes Gespräch, sassen draussen im Café und blinzelten in der Morgensonne auf eine Ju-52, ein ziemlich spektakuläres altes Flugzeug, das eben erst gelandet war. Die Passagiere schlürften Champagner und assen Canapés, die auf einem eiligst aufgebauten kleinen Buffet mit weissem Tischtuch angerichtet waren. Katrin und ich tranken nur Kaffee, und ich nutzte die Zeit, um ihre Meinung in einer mir wichtigen Frage anzuhören:

Endlich mal nicht mit beiden Füssen auf dem Boden stehen, sondern abheben, um das ganze Bild zu sehen.

«Katrin, ich kann mich nicht entscheiden, welchen der drei Titel ich für das Buch nehmen sollte.»
«Dein erster Vorschlag?»
«Was hältst du von ‹Bekenntnisse eines Enthusiasten›?
«Oh, das gefällt mir gar nicht.»
«Nicht? Findest du, ich sei nicht enthusiastisch?»
«Oh, doch, ganz gewiss. Ich kenne keinen anderen Menschen, Riet, der enthusiastischer ist als du.»
«Was stört dich dann?»
«Ich glaube, das Wort ‹Bekenntnisse› ist es, mit dem ich nichts anfangen kann. Aber dass du sehr begeisterungsfähig bist, das stimmt schon.»

«Manchmal zu sehr, nicht wahr?»
«Ja. Aber dann schalte ich einfach ab.»
«Wie bitte?»
«Ja. Dann höre ich dir einfach nicht mehr zu.»

Interessant, was man da so manchmal zu hören bekommt, nicht wahr? Aber ich nehme es Katrin natürlich nicht übel.
«Ich weiss. Aber das kann mich ja nicht erschüttern. Ich schwärme einfach weiter.»
«Und tust so, als würde ich weiter zuhören.»
«Genau, Katrin. Das nenne ich eine Win-win-Situation: Ich bin zufrieden, du bist zufrieden. Aber jetzt mal ehrlich: Du hörst mir schon auch manchmal zu, oder?»
«Natürlich. Dann, wenn es etwas Neues ist, das du erzählst.»
«Wie meinst du das?»
«Nun, eben nicht eine der vielen Wiederholungen.»
«Das sagst du immer wieder. Aber ich bin nun mal so: Selbst wenn ich zum zehnten Mal auf der Segantinihütte oben bin, dann bin ich eben auch zum zehnten Mal total begeistert! Dann muss ich ganz einfach dir und unseren beiden Buben eine SMS schreiben und ein Foto mitschicken. Und wenn es zum zehnten Mal ist.»
«Worauf ich schon gar nicht mehr antworte.»
«Du nicht, Katrin. Aber der Uolf, der antwortet. Der ist genauso begeisterungsfähig wie ich. Er schreibt mir dann zurück, dass ich das Foto diesmal 60 Zentimeter weiter rechts geschossen hätte.»

Katrin musste lachen.

Alpinisten auf dem Piz Bernina: «Soeben habe ich beschlossen, diesen Gipfel nicht zu besteigen.»

Und ja, mein Sohn Uolf, der hat die gleiche enthusiastische Ader. Vermutlich gefiel ihm deshalb der Titel «Bekenntnisse eines Enthusiasten» am besten. Während unser älterer Sohn Rico, der Psychologie studiert hat, wie Katrin tickt und nur antwortet, wenn ich mit etwas Neuem komme.

Wir heben ab, und schon bald ist der Muottas Muragl auf Augenhöhe. Wir fliegen in das höchste Seitental des Engadins hinein und hoch Richtung Bernina. Unter uns fliesst der Flaz, der bei Samedan in den Inn mündet. Und eigentlich müsste der Inn von da an Flaz heissen. Hydrologisch gesehen trägt nämlich immer jener Fluss den Namen weiter, der mächtiger ist. Und das ist der Flaz. Innsbruck hiesse Flazbruck, das Engadin Engadflaz. Oder so. Schon taucht Pontresina mit den grossen Hotelbauten aus der

Jahrhundertwende auf, und während der Helikopter über die Diavolezza Richtung Persgletscher fliegt, denke ich an den zweiten Buchtitel, den ich für dieses Buch gedacht hatte:

**Schritte zum Erfolg 21:**

**G** Geduld
**O** Orientierung
**A** Aktivität
**L** Leistung

«Was findest du, wenn ich das Buch so nenne: ‹Einfach erfolgreich›?»
«Ja, das passt nun wiederum ausgezeichnet.»
«Oh, jetzt bist du ja richtig begeistert.»
«Nun, es stimmt ja, dass du erfolgreich bist, Riet.»
«Das findest du wirklich, ja?»
«Das weisst du.»
«Und ‹einfach›? Wie gut passt das?»
«Das passt ebenfalls sehr gut. Du denkst einfach, du funktionierst einfach, du lebst einfach.»
«Das kann man jetzt aber auch falsch verstehen.»
«Ich weiss. Ich meine es aber im Sinne von ‹direkt›. Du bist unglaublich direkt und authentisch.»
«Das ist doch gut so, oder?»
«Das ist vielleicht für jemanden, der dich nicht gut kennt, manchmal zu direkt. Aber nur am Anfang. Jedenfalls finde ich das grossartig, denn man weiss immer ganz genau, woran man bei dir ist.»
«Dein Fazit also zu diesem Titel?»
«Toll!»

## Der richtige Buchtitel

Meine Frau fand diesen Titel also toll. Ich war gespannt, was sie zum dritten Vorschlag meinte, meinem Favoriten:

«Katrin: Was denkst du denn über: ‹Das Glück des Scheiterns›?»
«‹Das Glück des Scheiterns›? Das passt bestens. Es ist doch wirklich so, dass du durch dein Scheitern das richtige Glück gefunden hast.»
«Was meinst du mit ‹das richtige Glück›?»
«Gute Frage, Riet. Nicht einfach zu beantworten. Was ich sagen will: Man kann sich glücklich fühlen. Dann aber passiert etwas oder man macht etwas, das bisher jenseits der Grenze des eigenen Lebens lag. Durch diese Grenzüberschreitung kann man auf einmal viel intensiver fühlen, was wahres Glück ist.»
«Und du denkst dabei an was für eine Grenzüberschreitung, Katrin?»
«Als ich vor einigen Jahren in Afrika mit Rico auf den Kilimandscharo gestiegen bin. Ich habe dir erzählt, wie ich damals an meine physischen

Grenzen kam und grosse Angst erlebte. Aber ich überwand diesen Punkt. Danach, als ich die Besteigung hinter mir hatte, merkte ich erst, dass dieser Tiefpunkt eben eher ein Höhepunkt war. Er wies mir den Weg zu einem anderen Glück. Zu einem grösseren, richtigeren Glück. So wie bei dir, Riet.»

«Was bezeichnest du denn als den Tiefpunkt bei mir? Die Entlassung? Oder den Skiunfall?»

«Beides. Beides eröffnete dir doch neue Perspektiven. Beides zog nach sich, dass du ein anderes Glück empfinden konntest. Und das hat dir auch immer wieder Mut gemacht.»

Hm. Wenn das meine Frau sagt, dann muss es stimmen. Niemand kennt mich so gut wie sie. Sie hat mich erlebt, als ich am Boden war und sie mich trösten musste, und sie hat die Hände vors Gesicht geschlagen, wenn mich zuweilen der Übermut packte und ich Risiken einging – aber sie hat mich immer bedingungslos unterstützt, wenn ich mutig sein musste.

Mutig sein ist gut. Irgendwann merkt man, hoffentlich jedenfalls, dass das Leben nicht immer einfach und darüber hinaus vor allem schnell vorbei ist. Es gewinnt deshalb, wer seinen Mut eiligst zusammennimmt und nicht unnötig Lebenszeit vergeudet, wenn es etwas zu verändern gibt. Denn Veränderung braucht immer Überwindung. Niemand sagt mir, was ich gewinne, wenn ich mich verändere – im Gegenzug weiss ich ganz genau, was ich verliere, wenn ich das Gewohnte nicht weitermache. Das ist der Grund, weshalb so viele Menschen angstvoll im Ist verharren, statt mutig aufzubrechen.

## Das Glück des Scheiterns

Wer nie die Chance hatte, einmal im Leben entlassen zu werden, dem fehlt eine wichtige Erfahrung. Denn solange es Menschen gut geht, hinterfragen sie ihre Arbeitsmotivationen selten. Deshalb ist ein drastischer Schnitt wie eine Entlassung eine Chance. Eine Chance für wichtige Korrekturen, die vielleicht sonst aus reiner Bequemlichkeit nie im Leben erfolgt wären.

Wir sollten also dankbar sein, wenn wir scheitern. Ja, ich weiss: Im Augenblick der Krise geht das natürlich nicht. Muss auch nicht. Aber das Scheitern löst einen Prozess aus. Dieser Prozess ist anspruchsvoll. Und in vielen Fällen nicht allein durchzustehen.

---

Beherzigen Sie das:

**Denken Sie an Menschen, nicht ans Geld!**

In meiner Tätigkeit als Outplacement-Berater bedeutete dies, vor allem zu Beginn der Beratung, psychologische Blockaden abzubauen. Denn Studien zeigen: Fast die Hälfte der Arbeitnehmenden fährt mit angezogener Handbremse umher und wehrt sich gegen Änderungen. Deshalb werden im Outplacement nicht nur Fach- und Markt-Know-How ausgelotet und Kenntnisse über das eigene Managementverhalten geprüft, sondern es wird auch nach den persönlichen Visionen und Perspektiven gesucht. Denn sie sind der Treiber in der Wahl für die nächsten Schritte im Berufsleben. Meinen Kandidaten aber fehlten oftmals die Visionen, weil diese von den Unternehmen vorgegeben wurden. Und so war das grösste Hindernis bei Neuorientierungen nicht das Loch, in das viele Kaderleute nach ihrer Entlassung fallen, sondern ihre negative Grundeinstellung, die sie womöglich schon den Job gekostet hatte.

## Engagement und Positionierung

Das «Können», oder mit anderen Worten: Die fachliche und persönliche Qualifikation und Eignung für eine bestimmte Position lässt sich mittels gängiger Profilvergleiche relativ leicht bestimmen. Wichtig ist aber Folgendes, weil ein gravierender Unterschied zwischen «Das kann ich ...» und «Das kann ich gut ...» besteht. Das eine symbolisiert Mittelmass, das andere aber überdurchschnittliche Stärke.

Es war also Ziel des Outplacement, eine Aufgabe zu finden, die zum Kandidaten passte, in der er seine Stärken einsetzen und die Schwächen bis zu einem gewissen Grad vernachlässigen konnte. Und da Tätigkeiten, bei denen jemand stark ist, vom Betreffenden meist auch gerne ausgeübt werden, ist es nicht schwer, darin nachhaltig «sein Bestes» zu geben. Ich nenne das eine «stimmige Lösung» finden.

Es gibt in der modernen Arbeitswelt aber einen grossen Haken: Unternehmungen tendieren in der Regel dazu, sich deutlich schneller zu verändern als die Menschen, die dort arbeiten. Es besteht deshalb latent die Gefahr, dass Stellen und Stelleninhaber irgendwann einmal nicht mehr wirklich zueinander passen.

Diese «Stimmigkeit» muss deshalb laufend überprüft werden. Engagierte Mitarbeiter wissen: «Ich selbst bin für meinen Erfolg verantwortlich! Ich selbst bin für meine Entwicklung zuständig.» Ja, es gibt sie, diese Menschen mit hoher Eigenverantwortung. Auch wenn sie dünn gesät sind.

Erkenntnis im Angesicht hoher Felswände: «Das grösste Hindernis bei Neuorientierungen ist eine negative Grundeinstellung.»

Aber selbst ihnen kann es passieren, dass sie irgendwann scheitern. Und danach hoffentlich zu neuem Glück finden.

## Glücklich Gescheiterte

Damit Sie verstehen, was ich meine, stelle ich Ihnen auf den folgenden Zeilen im Kurzdurchlauf ein halbes Dutzend Kandidaten aus meiner beruflichen Tätigkeit im Outplacement vor. Zu allen habe ich noch Kontakt und kann mit Freude feststellen, dass sie nach dem Scheitern tatsächlich ihr wahres, ihr richtiges, ihr tiefes Glück gefunden haben:

Von der Juristin eines Versicherungskonzerns zur Mediatorin: Die Kandidatin fühlte sich im Grossbetrieb und Massengeschäft nicht mehr wohl und löste ihren Arbeitsvertrag auf. Sie formulierte ihre Vision und setzte diese vor elf Jahren sehr fokussiert um. So lange ist sie nun eine bekannte und erfolgreiche Mediatorin in verschiedenen Branchen. Sie hat grosse Freude an der vielseitigen, sinnvollen und aufbauenden Arbeit und ist autonom, was ihr immer sehr wichtig war. Sie löst viele Probleme einvernehmlich und nicht im Kampf und sieht darin einen grossen persönlichen Wert und sehr viel Lebenssinn.

Vom Personalleiter zum Fachhochschulprofessor: Nach 22 Jahren wurde wegen eines Wechsels an der Spitze der HR-Chef entlassen. Das war vor vier Jahren. Er machte – nachdem er die Enttäuschung überwunden hatte – seinen Traum wahr und wurde Bereichsleiter einer Fachhochschule. Es war vor allem eine präzise Analyse seiner Stärken und der entsprechenden Präsentation zu verdanken, dass er seinen Weg fand. Kommt hinzu, dass sein neuer Job ebenso hoch angesehen und anspruchsvoll ist wie der frühere. Nur ist er dabei noch viel zufriedener, weil er seine neue Tätigkeit als sehr sinnvoll betrachtet. Zudem hat er nun noch zwei Verwaltungsratsmandate bekommen, die er, wäre er noch an der alten Stelle, nie angetreten hätte, weil sie ihm gar nicht angeboten worden wären.

Vom Arzt zum Krankenkassenleiter: 70 Stunden in der Woche arbeitete der Arzt im Krankenhaus, der Stress war gross. So lange er jedoch genügend Zeit für die Patienten hatte, nahm er alles hin. Er bekam dann zusehends doch grosse Mühe mit der totalen Überadministrierung des Spitals. Er löste den Arbeitsvertrag auf und setzte sich intensiv mit seiner neuen Situation auseinander. Nach der Neuorientierung blieb er der Branche treu und wechselte zu einer Krankenkasse. Das war vor neun Jahren. Der

> **Schritte zum Erfolg 22:**
>
> **Arbeiten Sie täglich und konzentriert an Ihrem persönlichen Triple E: Erkenntnisse, Erfolge, Erfahrungen.**

ehemalige Arzt hat seither nicht nur normale Arbeitszeiten, sondern kann durch seine Erfahrungen seine neue Aufgabe mit sehr viel Expertise und Erfolg umsetzen.

Von der HR-Leiterin einer Bank zur administrativen Leiterin eines Alterszentrums: Es ist schon vier Jahre her, seit die Kandidatin entlassen wurde, da ihr bisheriger Arbeitgeber fusionierte. Viel länger, nämlich 17 Jahre, hatte sie dort gearbeitet. Der Stellenverlust war für sie deshalb sehr schlimm und sie brauchte längere Zeit, um sich damit abzufinden. Die Standortbestimmung war in diesem besonderen Fall sehr wichtig, und wir verwendeten viel Sorgfalt darauf. Sie trat dann eine Stelle in einem Alterszentrum an, wo sie die Administration leitet. Der befürchtete Prestigeverlust blieb aus. Sie erlebte ganz im Gegenteil viel persönliches Glück mit der Aufgabe, ist nah an Menschen. Ihr beruflicher Neustart zog eine ebenso glückliche, neue Liebe nach sich.

Vom Leiter Leasing einer Finanzgesellschaft zum CFO einer Umweltfirma: Als ein anderes Finanzinstitut das Unternehmen übernahm, verlor der Kandidat seine Stelle. Nachdem er sich aufgerappelt hatte, fand er eine Anstellung als CFO in einer Branche, für die er sich stets interessiert hatte. Es war fantastisch zu erleben, wie seine Motivation ins Unermessliche stieg, als er sich endlich traute, die Branche zu wechseln. Er leitet nun die Finanzen einer Umweltfirma. Sein Lohn ist deutlich tiefer – seine Befriedigung dafür höher. Das bekräftigt er auch nach sechs Jahren immer wieder.

Vom Kommunikationsleiter im Grosskonzern zum selbständigen Kommunikationsberater: Als der Konzern seine Kommunikationsaufgaben ins Firmenhauptquartier nach London transferierte, verlor der Kandidat seine Stelle. Er war damals 43 Jahre alt und nahm das Risiko auf sich, selbständig zu werden. Er arbeitete stark an seiner Präsentation nach aussen und aktivierte erfolgreich sein Netzwerk. Seit 14 Jahren ist er nun für ein halbes Dutzend Firmen als Berater tätig, hat dadurch auch viel mehr Freiheiten im privaten Bereich, spaziert öfter mit seinem Hund und frönt vermehrt dem Bergsport.

Vom Mitglied der GL einer Metallbaufirma zum Direktor eines Verbands: 23 Jahre arbeitete der Kandidat im Unternehmen, zuletzt sass er während vier Jahren in der Geschäftsleitung. Als ein Engländer neuer CEO wurde, klappte es zwischenmenschlich nicht, er wurde entlassen. Das setzte ihm extrem zu, er war sehr tief gefallen. Entsprechend dauerte es, bis er wieder auf den Beinen war. Sorgfältige Reflexion und Abwägung seines Potenzials führten dazu, dass er sich für eine Direktorenstelle in einem Verband bewarb. Das war vor fünf Jahren. Er versteht sich ausgezeichnet mit dem Verbandspräsidenten, sein Team von rund 150 Mitarbeitern ist motiviert und stabil. Er ist seither total glücklich und zufrieden, sagt er. Alles stimmt für ihn. Er kann auch mal am Freitagnachmittag zum Golf mit seiner Partnerin, ohne dass er darüber Rechenschaft ablegen muss.

Das waren nur etwas mehr als eine Handvoll Beispiele von Leuten, die ich begleiten durfte auf ihrem Weg zu mehr Glück und Erfüllung im Leben. Eine der Lehren, die ich aus meiner Tätigkeit gezogen habe, ist diese: Je grösser der *Schmerz*, desto grösser ist die *Chance*, zu wachsen. Und die Konzentration auf seine eigenen Stärken ist entscheidend für den Erfolg!

## Von Mut und Vernunft

Unter uns breitet sich nun der Persgletscher aus und dahinter türmt sich die weisse Flanke des Piz Palü vor uns auf. Er ist ja einer der schönsten Gipfel überhaupt, finde ich, und er zeigt uns stets seine Schokoladenseite mit seinen drei Gipfeln und den vier eingelagerten Hängegletschern. Erinnern Sie sich? Eine gute Präsentation ist eminent wichtig!

Auge in Auge mit der Macht der Natur: «Denken Sie in der Währung Liebe, nicht in der Währung Geld.»

Der Helikopter steigt nun über dem Morteratschgletscher hoch zum Biancograt, der auf den Gipfel des Piz Bernina führt. Mein Traumberg! Mein Traumziel! Seine beiden Nachbargipfel habe ich schon vor einigen Jahren bestiegen – aber wie gern würde ich auch dort oben stehen. Gleich, gleich werde ich sehen, wie es auf dem Gipfel ausschaut. Momentan mache ich unter mir aber nur den Biancograt aus, ein verflixt schmaler Weg. Wir sind so nah, dass wir die Spuren im Schnee erkennen können. Ich schlucke. Hier darf man keinen Fehltritt machen, links und rechts geht es jäh in den Abgrund. Nicht ganz einfach, das so zu sehen, muss ich sagen. Im Augenblick fällt es mir grad ein wenig schwer, mich auf diesem Grat vorzustellen. Himmel! Wir erreichen den Gipfel und ich erspähe mehrere Bergsteiger, die angeseilt über die Felsen ganz nach oben klettern. Einige dahinter sind schon wieder am Absteigen. So richtig gemütlich kann man es sich da also nirgends machen. Habe ich vorhin gesagt, dass man seinen Mut besser rasch zusammennimmt, wenn man etwas machen will? Ebenso muss man Vernunft walten lassen können. Soeben habe ich jedenfalls beschlossen, dass ich diesen Gipfel nicht besteigen werde. Da muss man doch definitiv besser klettern als ich.

Meine Enttäuschung ist nicht von langer Dauer. Wir winken den erstaunlich vielen Kletterern in der Gipfelregion zu und sie winken zurück, da stürzt sich der Helikopter auf der Südflanke des Piz Bernina in die Tiefe. Ich sehe nur noch Felsen. Der Wahnsinn! Wir überschreiten gerade eine Grenze, die Landesgrenze zwischen der Schweiz und Italien, und wir fallen über eine Bergflanke, vor uns sind nur noch Steine, Felsen und weitere Gletscher, die totale Bergwildnis. Ich könnte jubeln vor Glück, tue es aber nicht, stattdessen spüre ich die Hand meiner Frau in der meinen, denn sie findet Sturzflüge mässig lustig. Es geht dem Piz Sella und dem Piz Glüschaint entlang, dann taucht der Albignia-Stausee auf, dahinter die Albignia-Hütte. Der Pilot setzt auf, und der Hüttenwart hievt aus dem Gepäckgitter an der Seite des Helikopters einige Harassen Getränke heraus. Schon geht es wieder hoch gen Himmel, erneut am Stausee vorbei und dann über dichte Wälder hinunter ins Bergell. «Vorgallien» bedeutet der Name ursprünglich. Irgendwo da unten ist auch das kleine Bergdorf Stampa, das von der Familie Giacometti geprägt ist. Giovanni, Augusto, Zaccaria, Alberto, Diego und Bruno trugen in zwei Generationen ihren Familiennamen in die Welt hinaus.

## Der Griff nach den Sternen

Es gibt Ideen, die hätte ich gern als Erster gehabt. Aber es macht mir keine Mühe, gute Ideen anderer anzuerkennen. Der Coach und Laufbahnberater Thomas Diener zum Beispiel hat die Idee formuliert, unsere Arbeit mit Hotelkategorien zu vergleichen.

Er unterscheidet fünf Stufen der beruflichen Tätigkeit vom reinen Überlebenstrieb bis zur totalen Erfüllung. Seine Gedanken sind sehr spannend und ich erlaube mir, diese mit eigenen Beispielen zu ergänzen:

Ein 1-Stern-Job ist das Geringste der Gefühle. Wer in dieser Kategorie arbeitet, muss es schlicht und einfach tun, um wirtschaftlich überhaupt zu überleben. Aus purer Not heraus. Leider befinden sich viele Menschen auf der Welt unverschuldet in dieser unglücklichen Lage. In unserer westlichen Konsumgesellschaft sind das zum Beispiel Alleinerziehende ohne Unterstützung. Oder Zuzüger aus anderen Kulturen, die erst im jugendlichen Alter gekommen sind, die Sprache nicht beherrschen und auch keine

Chancen sehen oder den Glauben und die Motivation nicht haben, überhaupt etwas an ihrem Zustand zu ändern.

Die meisten Menschen freilich, so Diener weiter, seien bei einer 2-Sterne-Stelle gelandet: Sie haben sich eingerichtet. Die einen besser, die anderen weniger gut. Aber wer es nur auf zwei Sterne bringt, kann sich gar nicht mehr vorstellen, dass Arbeit etwas anderes sein könnte als ein notwendiges Übel. In dieser Kategorie finden wir oft nur schlecht ausgebildete Menschen, die vermutlich schon durch ihre Eltern nicht gedrängt wurden, sich über ihre berufliche Tätigkeit Gedanken zu machen. Ihnen fehlt schlicht der Glaube, dass Arbeit etwas Erfüllendes sein kann.

> Beherzigen Sie das:
>
> **Je grösser der Schmerz, desto grösser die Chance zu wachsen!**

Menschen mit einer 3-Sterne-Arbeit erfahren da schon mehr Qualität: Sie sind gut in dem, was sie machen, und sie haben Spass daran. Wer zu dieser Kategorie gehört, spielt nach Ansicht von Diener bereits im oberen Drittel des Arbeitsmarktes mit. Viele Angestellte finden sich hier, Leute auf Kanzleien, in Schulen, Krankenhäusern, zum Beispiel. Menschen, die gern Menschen mögen, aber viel arbeiten müssen, vielleicht auch viel einstecken und somit eine Mischrechnung anstellen und sich irgendwo zwischen vereinzelten Höhe- und Tiefpunkten eingerichtet haben. Selbständige sind in dieser Kategorie anzutreffen, die einen Dienstleistungsbetrieb haben, mit dem sie viel Spannendes erleben, aber auch immer wieder Konflikte oder menschliche Enttäuschungen. Aber auch Kaderleute von Grosskonzernen und KMU können wir auf dieser Stufe antreffen, die für eine fürstliche Honorierung sehr viel arbeiten, grossen Druck aushalten müssen und kaum Erholung finden.

Die 4-Sterne-Tätigkeit führt da noch einen Schritt weiter in Richtung Selbstbestimmung. Die Arbeit hat bereits enorm viel mit den eigenen Eignungen und Neigungen zu tun und das individuelle Wesen tritt immer deutlicher hervor. Die Persönlichkeit wächst, und die Kultivierung des Handwerks wird zu einer Lebenskunst erhoben. Hier finden wir viele Freiberufler, die besten Köche, Künstlerinnen oder Handwerker mit Renommée, Leute, die zur Spitze in ihrer Branche gehören und die sich etabliert haben.

Das 5-Sterne-Leben schliesslich ist gar nicht mehr mit dem allgemeinen Arbeitsbegriff in Einklang zu bringen: Solche Menschen arbeiten gar nicht mehr. Sie sind. Die Arbeit ist Teil der Persönlichkeit. Sie tun nur, was sie gerne tun. Aber ganz ehrlich: Wer ein 5-Sterne-Leben lebt, der ist so zufrieden, dass er keinerlei Anlass hat, anderen davon zu erzählen. So jemand

**PROTOKOLL**

# Felix Ms. doppeltes Glück dank halbem Lohn

Felix M. ist 55, als seine Probleme beginnen. Und sie kommen gleich gehäuft. Seine Überheblichkeit macht es ihm schwer zu erkennen, dass er sich auf einem sinkenden Schiff befindet.

Nach Abschluss des Studiums der Betriebswirtschaft begann Felix M. seine Karriere in einem bekannten, global tätigen Versicherungskonzern. Er brillierte in der Finanzabteilung mit frischen Ideen, die sich kosteneinsparend auswirkten, wechselte danach ins Marketing und stieg auf bis zum Marketing- und Verkaufsleiter mit knapp 30 Jahren. Als er dann sogar Mitglied der Geschäftsleitung werden sollte, entschloss sich Felix M. stattdessen, wieder an die Uni zu gehen. Er doktorierte mit summa cum laude.

Sein nächster Arbeitgeber, wiederum ein Versicherungskonzern, bot ihm an, den Asienmarkt zu bewirtschaften. Er nahm an. Die folgenden drei Jahre waren von Erfolg gekrönt. Felix M. heiratete, und bald kam das erste Kind. Auch im Geschäft lief alles wie geölt, Umsatz und Mitarbeiterzahl stiegen jährlich im zweistelligen Prozentbereich. Aber als die nächste Beförderung ausblieb, drohte er mit der Kündigung.

Die Konzernspitze nahm diese dankend entgegen, weil sie festgestellt hatte, dass Felix M. sich nicht den Veränderungen des Marktes anpassen wollte. Er wollte, dass sich alle anderen nach ihm richteten und nicht umgekehrt. Diese Überheblichkeit hatte ihren Ursprung in seiner glänzenden bisherigen Karriere und vor allem in den herausragenden Resultaten während seiner Ausbildung.

Felix M. wurde entlassen. Naturgemäss konnte er diese Niederlage nicht annehmen. Als er bei uns vorbeischaute und sich das Outplacement erklären liess, merkten wir schnell, dass wir es mit einem eingebildeten Besserwisser zu tun hatten. In solchen Fällen liessen wir die Kandidaten gerne einmal ihren Kopf einschlagen, damit sie etwas lernten. Als wir ihn auf seine Probleme ansprachen, wollte er nichts davon wissen. Erst als ich erklärte, dass Probleme notwendig seien, denn erst «Not» mache «wendig», liess Felix M. wieder mit sich reden.

Inzwischen stellte sich bereits ein weiteres Problem: Seine Frau drohte mit der Scheidung, wenn er nicht einsichtig würde und vom hohen Ross heruntersteige. Er war vorerst sprachlos – wurde aber in der Tat angenehmer im Umgang. Doch bald wurden körperliche und seelische Symptome spürbar wie Gereiztheit und Versagensängste. Dazu kamen Schlaf- und Konzentrationsstörungen. Doch noch immer wollte er sich nicht wirklich helfen lassen und die Kontrolle über die Situation behalten. Der von uns unterstützte Vorschlag seiner Frau, ärztlichen Rat zu holen, fruchtete nicht. Sein Kommentar: «Ich bin selber in der Lage, meine Probleme zu lösen.»

Seine Frau reichte dann tatsächlich die Scheidung ein. Felix M. geriet vollends in Schieflage und begann zu trinken. Ich sagte ihm, tiefer könne er nicht mehr fallen. «Aber Sie können wieder aufstehen und neu beginnen.»

Das tat er. Er kam wieder auf die Beine und stellte fest, dass Karrierestreben und Geld auf die Dauer keine Lebenszufriedenheit schenken. Als die Stabilität gross genug und seine Überheblichkeit nicht mehr erkennbar war, begann er als Leiter einer in der Öffentlichkeit bekannten Nonprofit-Organisation. Sein neues Salär betrug nur noch 60 Prozent des bisherigen Einkommens. Dennoch – oder vielleicht gerade deswegen – hat er seine Führungsfunktion während sechs Jahren mit grosser Freude und Erfüllung ausgeführt. Heute ist er pensioniert und der Ansicht, seine letzten sechs Jahre im Beruf seien die besten gewesen.

ist erleuchtet. So jemand erlebt jeden Tag Glück. Jeder Tag eines solchen Menschen ist ein Glückstag.

Aber: Ich bin überzeugt, dass es eine bewusste Entscheidung ist, glücklich sein zu wollen. Und damit können Sie gleich morgen beginnen. Befolgen Sie einfach, was die Wissenschaft über das Glücklichsein herausgefunden hat.

## Machen Sie jeden Tag zu Ihrem Glückstag

Man muss am Glück arbeiten. Und wenn es dann nicht so klappen will, hier ein Glückstag, den ich aus diversen wissenschaftlichen Studien und Zeitungsartikeln zusammengestellt habe.

Schalten Sie also ruhig mal einen Glückstag ein!

Dieser beginnt damit, dass Sie ausgeschlafen sind. Viel Schlaf sorgt nämlich dafür, am nächsten Tag nicht so anfällig für negative Gefühle und Erinnerungen zu sein. Denn diese werden vom Mandelkern (lateinisch: Amygdala) im Gehirn verarbeitet. Positive und neutrale Erinnerungen dagegen verarbeitet der Hippocampus, das Gedächtniszentrum. Und zu wenig Schlaf beeinträchtigt leider den Hippocampus mehr als den Mandelkern.

Kauen Sie langsam und ausgiebig beim Frühstück. Machen Sie aus einem Honigbrot ein sinnliches Ritual, denken Sie an die Bienen, an den Wind, der durch den Weizen gestrichen ist, an den Regen, der auf die Ähren fiel. Werfen Sie sich ein freundliches Lächeln im Spiegel zu, bevor Sie aus dem Haus gehen. Drücken Sie Ihren Partner fest an sich. Ihre Kinder. Auch Hund und Katze. Wir sind taktile Wesen. Berührungen tun uns gut!

Und dann: raus an die frische Luft. 20 Minuten frische Luft verbessern die Laune – und das Arbeitsgedächtnis gleich mit, wie eine Studie der englischen University of Sussex zeigt. Ideal ist es, wenn die Sonne scheint, am besten bei rund 14 Grad, sagen Forscher der American Meteorological Society. Demnach hat die Temperatur grössere Auswirkungen auf das Wohlbefinden als Windstärke oder Luftfeuchtigkeit.

Ach, und wenn Sie dann gleich auf dem Weg zur Arbeit sind, schmieden Sie Pläne, näher ans Büro zu ziehen. Lange Wege dorthin sind auf die

**Auf dem Rundflug eröffnen sich immer wieder neue, spektakuläre Perspektiven: «Ich könnte jubeln vor Glück.»**

Dauer belastend – auch wenn man meint, es mache einem nichts aus oder es lohne sich, weil der Job toll und das Gehalt grossartig ist. Schweizer Psychologen fanden heraus, dass solche Vorteile die Belastung durch das Gedränge in der U-Bahn oder den morgendlichen Auto-Stau nicht kompensieren können.

Sind Sie erst einmal im Büro angekommen, dann lächeln Sie und zeigen Sie sich behilflich. Beides macht schon für sich genommen glücklich – also zwei Fliegen mit einer Klappe! Das gezielte Lächeln mag seltsam erscheinen, funktioniert aber – es wirkt sogar schmerzlindernd. Wer es schafft, sich nicht auf falsches Lächeln zu beschränken, sondern es mit schönen Gedanken herauszulocken, der hat noch mehr davon, wie eine Studie der Michigan State University an stets lächelnden Kundenberatern herausfand. Und wenn Sie pro Woche zwei Stunden lächeln, kommen Sie auf 100 Stunden pro Jahr, was Forschern zufolge die magische Zahl sei, bei der Geben seliger wird als Nehmen. Eine Studie im «Journal of Happiness» etwa zeigte, dass Geld, das für andere ausgegeben wird, glücklicher macht als jenes, mit dem man sich selbst einen Wunsch erfüllt.

Wenn es dann nach Hause geht: Seien Sie dankbar, dass Sie einen Job haben – und planen Sie schon mal die nächsten Ferien. Dankbarkeit verhindert Studien zufolge depressive Symptome, erhöht das Wohlbefinden und die Zufriedenheit mit dem eigenen Leben – ebenso wie Arbeit selbst. Und die Vorfreude beim Planen erhöht das Wohlbefinden ganze zwei Monate lang, wie eine in «Applied Research in Quality of Life» veröffentlichte Studie berichtet. Die Ferien selber, so die Studie, hätten übrigens keinen so durchschlagenden Effekt auf das persönliche Glücksempfinden.

Punkt acht: Sie müssen sich noch mehr bewegen. Sport, und wenn es nur ein paar Minuten sind, gilt als eines der besten Mittel, um das Wohlbefinden zu steigern und Depressionen zu mindern – das liegt an den Glückshormonen, die Sie in Bewegung freisetzen. Untersuchungen zeigen, dass Depressive, die regelmässig Sport treiben, nach sechs Monaten rund 9 Prozent seltener in die Depression zurückverfallen als jene, die nur mit Medikamenten behandelt wurden – bei ihnen waren es 38 Prozent.

Nach dem Sport: Verbringen Sie viel Zeit mit Familie und Freunden! Wer das nicht tut, bereut dies auf dem Sterbebett. Denn: *Erst Beziehungen machen unser Leben lebenswert* – und auch hier zählt wie bei vielen Dingen die Qualität mehr als die Quantität. In einer Langzeitstudie mit 268 Männern etwa liess sich deren Wohlbefinden und Flexibilität im Alter am besten aus der Qualität ihrer sozialen Beziehungen im Alter von 47 Jahren vorhersagen.

Und zum Schluss, Punkt zehn: eine Runde Meditation. Das verbessert die Konzentration – und entspannt. Die Wissenschaftler am Massachusetts General Hospital konnten mithilfe von Gehirnscans an 16 Probanden zeigen, dass sich nach acht Wochen Meditationstraining die Gehirnstruktur veränderte: Areale, die mit Stressverarbeitung zu tun haben, nahmen ab. Wer sich mit Meditation trotzdem nicht anfreunden kann, kann sich zumindest entspannen. Und dann früh schlafen gehen ...

## Seelenlandschaft Silsersee

Der Helikopter nähert sich der Passhöhe – und auf einmal präsentiert sich das ganze Engadin vor uns. Im Vordergrund das Maloja Palace, das ein Belgier einst gebaut hatte in der Annahme, dass die Rhätische Bahn bis hierher reichen würde. Es steht am Silsersee, an dem Friedrich Nietzsche sieben Sommer verbrachte. Er fühlte eine Seelenverwandtschaft mit der Landschaft. Hier verkehrt während der Sommermonate sogar fahrplanmässig ein kleines Schiff.

Die «Segl-Maria» durchpflügt mehrmals täglich den See von Sils Maria bis nach Maloja. Gleich dahinter folgen der Silvaplanasee, St. Moritz mit seinem See und vor uns taucht bereits wieder die Landebahn des Flughafens Samedan auf. In diesem Ort wurden übrigens drei Sportlerinnen geboren, die mir ausserordentlich imponieren. Sie heissen Gasparin, mit Vornamen Selina, Elisa und Aita, sind Schwestern und Biathletinnen, die an den Olympischen Spielen teilgenommen haben. Mich beeindruckt das ungemein. Und ich ergreife die Gelegenheit, wieder einmal zu sagen, wie sehr mich Sportlerinnen und Sportler inspirieren. Sehen wir von gewissen Auswüchsen ab, die mit Doping oder unmenschlichen Trainingsmethoden zu tun haben, so bleibt im Sport ein völlig fokussierter, motivierter Mensch übrig, der das macht, was andere zu wenig tun: Er strengt sich an.

Wir leben, und Sie mögen mir das verzeihen, wenn ich jetzt wie jemand klinge, der sich an die gute alte Zeit erinnert, wir leben heute in einer Gesellschaft, die uns vieles ermöglicht, ohne dass wir dafür kämpfen müssen. Ausbildung zählt – leider – oft mehr als Leistung, Diplome mehr als

---

Beherzigen Sie das:

**Ohne Liebe ist jede Arbeit eine Last!**

Erfahrung. Dabei ist die Gleichung ganz simpel: *Erst Leistung führt zum Erfolg.* Man muss immer etwas dafür tun, um erfolgreich zu leben. Etwas ausführlicher formuliert, heisst erfolgreich leben:

- Sich seiner Fähigkeiten und Möglichkeiten bewusst zu werden, sich ein klar umrissenes Ziel zu setzen, seine Kräfte ganz auf dieses Ziel zu konzentrieren. Hindernisse auf dem Weg zu erkennen und zu beseitigen und
- immer genügend Geld und genügend Zeit zu haben für alles, was Ihnen wichtig erscheint. Aber man sollte nicht danach streben, nur Erfolg zu haben, sondern selbst ein erfolgreicher Ausdruck des Lebens sein.
- Den idealen Partner zu finden und selbst ein idealer Partner zu sein. Das heisst, seinen Eltern ein gutes Kind und seinen Kindern gute Eltern und gute Vorbilder zu sein.
- Den Sinn des Lebens überhaupt und insbesondere den Sinn des eigenen Lebens zu erkennen und zu verwirklichen. Es heisst, sich frei zu machen von allen Vorurteilen und Prägungen, sich zu entwickeln, damit Sie sich voll entfalten können.
- Zu erkennen, was zu tun ist, und es auch zu tun, damit man das wichtigste nicht versäumt: sich selbst.

## Die Welt bleibt die gleiche – und die Sicht darauf?

Wir sind wieder am Boden. Die Welt hat sich während dieses Rundflugs nicht geändert. Ebenso wenig ändert sich die Welt, wenn Sie dieses Buch lesen. Unsere Erde bleibt immer dieselbe: ein wunderschöner, spannender, aber auch gefährlicher Ort, wo in jeder Sekunde Leben gespendet und wieder genommen wird.

Wenn sich schon die Welt nicht ändert, so ändert sich aber durch die Lektüre, so hoffe ich, Ihre Wahrnehmung dieser Welt. Es wäre schön, wenn nach der Reise durch dieses Buch Ihre Welt ein klein wenig grösser und ganzer werden könnte. Wenn Sie trotz Fokussierung auf ein Ziel gleichzeitig viel mehr von dem wahrnehmen, was links und rechts ist. Wenn Sie den für Sie richtigen Weg in einer grossartigen Umgebung gehen, die Ihnen ganz viel geben kann. Wenn Sie, obschon diese Eigenschaften auf den ersten Blick als Gegensätze erscheinen, gleichermassen selbstbewusster und bescheidener, stärker und dankbarer werden.

Ach, jetzt geht wieder der Prediger in mir durch. Ich will gar nicht predigen. Aber nachdem wir im letzten Kapitel imaginär bis zu unserer Geburt zurückgereist sind, will ich Sie doch auffordern, mit mir in die andere

Richtung zu reisen. An den Schluss. Gehen wir davon aus, dass wir geistig rüstig auf dem Sterbebett liegen und auf den letzten Atemzug zusteuern. Ich weiss, Sterben ist in unserer Gesellschaft ein Tabuthema, darüber spricht man nicht einfach so. Aber wenn wir uns unsere Vergänglichkeit vor Augen halten, dann hilft auch dies, die Dinge aus *Distanz* betrachten zu können – auf ganz andere Weise natürlich. Der Ausdruck «Memento mori» – «denke daran, dass du stirbst» – entstammt dem Mittelalter. Schon in der Bibel steht: «Lehre uns bedenken, dass wir sterben müssen, auf dass wir klug werden.» Hat was, nicht wahr? Wir haben bis ganz zum Schluss die Möglichkeit, das Leben zu erfahren.

Ein spannendes Gedankenexperiment. Woran werden wir am Schluss denken, wenn wir auf unser Leben zurückschauen? Werden wir an all unsere genutzten Chancen denken? Oder werden wir eher all den verpassten Chancen nachtrauern? Denken wir an die Reichtümer, die wir angehäuft haben? Oder an die Menschen, die wir lieben – und die uns aus ganzem Herzen geliebt haben?

Ganz ehrlich: Ich weiss es nicht. Woher auch. Alles nur spekulativ. Aber ich habe eine Vermutung. Ganz zum Schluss zählt das stärkste aller Gefühle, die Liebe. Vielleicht ist das die wichtigste Erkenntnis, dass wir dann ganz Mensch gewesen sind, wenn wir geliebt haben. Vielleicht ist es genau das, was wir als grössten Erfolg in unserem Leben bezeichnen, wenn wir wissen, dass es gleich vorbei sein wird.

Hm, verlassen wir das Sterbebett. Auf, zurück in die Gegenwart! Wie steht es denn mit Ihrer Liebesfähigkeit? Wollen Sie lieben? Können Sie lieben? Wie lieben Sie?

## Es lebe die Liebe

In meiner aktiven Zeit als Outplacement-Berater konnte ich auf eine Erfolgsquote von 99 Prozent zurückschauen. Dabei ging es allerdings nicht um die Vermittlung von Kandidaten. Die Erfolgsrate bezog sich auf die erfolgreiche Definierung neuer persönlicher und realistischer Ziele. So veränderten sich 50 Prozent meiner Klienten beruflich oder sie wechselten die Branche.

Eine wichtige Rolle spielte bei allen die Partnerschaft. In so einer Krise zeigt sich, ob eine Beziehung tragfähig ist. Wir luden die Ehefrauen unse-

Instrumente im Helikopter: «Die Welt hat sich während dieses Rundflugs nicht geändert.»

rer Kandidaten, natürlich auch die Ehemänner der Kandidatinnen, zu einem Gespräch ein. Aber nicht alle wollten, dass die Liebsten tatsächlich involviert wurden. Wir erlebten das ganze Spektrum: Bei den einen kam es mit dem Stellenverlust auch zum Bruch in der Beziehung, andere schweisste das Ereignis zusammen.

In der Krise zeigt sich oft, was die Partnerschaft wert ist, auf welchem Fundament sie steht. Dort, wo das Geld schnell gekommen war, dort zeigte sich auch in der Partnerschaft, dass die Wurzeln nicht tief reichten oder dass beide schon so abgehoben hatten, dass gar keine Wurzeln vorhanden waren. Der Wind, der einem in einer Krise ins Gesicht bläst, der haut auch das Beziehungsgebäude schnell um, wenn es nicht auf guten Fundamenten steht.

Wir sitzen wieder im Flughafencafé und lassen uns von der Sonne wärmen. Wir stehen beide noch unter dem Eindruck des schönen Flugs. Ich schaue meine Frau an. Sie gefällt mir. Ich hoffe, dass unsere Beziehung auf einem guten Fundament steht. Natürlich weiss ich, dass ich ihre Nerven strapaziert habe, dass auch ich manchmal bis tief in die Nacht arbeitete und sie mit den Buben allein liess. Sie hat manchmal schweigend zugeschaut. Und manchmal hat sie sich sehr erfolgreich gewehrt, in ihrer ruhigen, zurückhaltenden Art.

Ich erzähle ihr das. Ich erzähle auch, dass sie mir stets den Vortritt gelassen hätte. Katrin lacht. Dann sagt sie:
«Ich bin eben bescheiden.»
«Aber im Hintergrund, Katrin, hast du eine Wirkung, die gewaltig ist.»
«Das höre ich gern, Riet.»
«Was hast du eigentlich von mir gelernt in unserer Beziehung? Und bitte sage nicht, dass du nichts gelernt hast.»
«Oh, natürlich habe ich von dir gelernt. Offenheit, zum Beispiel. Und dass man miteinander reden muss. Vor allem auch dann, wenn es schwierig ist. In meiner Kindheit haben wir nie geredet. Vieles blieb unausgesprochen.»
«Du, Katrin, bist in unserer Beziehung der Ruhepol, ich bin der Vulkan.»
«Deswegen hast du mich wohl ausgesucht.»
«Ich habe dich nicht ausgesucht. Ich habe mich in dich verliebt. Und du?»
«Ich habe mich auch in dich verliebt.»

Wie wir so hier sitzen, nachdem wir uns grad so schöne Dinge gesagt haben, blicke ich wieder aufs Rollfeld. Die Ju-52 ist weg, das Buffet wegge-

> Schritte zum Erfolg 23:
>
> **Streben Sie die höchstmögliche Leistung an, die Sie erbringen können. Dazu gehört, dass Sie Ihr gesamtes Können mit Ihrem ganzen Wollen kombinieren. Und dass Sie sich ein Umfeld suchen, wo Sie das auch dürfen:**
>
> **Beste Leistung = Können x Wollen x Dürfen**

räumt. Ich lasse den Moment nachhallen. Es gibt diese Augenblicke im Leben, die einfach gut sind, wie sie sind, in denen man ganz gelassen in sich selbst ruht.

Dankbar ist.

Glück spürt.

Ich habe im ersten Kapitel aus einer Rede von Charles Chaplin zu seinem 70. Geburtstag zitiert. Diese bringt in meisterhafter Kürze zum Ausdruck, was Selbsterkenntnis bedeutet und wie sie zum Glück führen kann. Hier folgt das Ende seiner Gedanken:

«Als ich mich wirklich selbst zu lieben begann, hörte ich auf, immer recht haben zu wollen, so habe ich mich weniger geirrt. Heute habe ich erkannt, das nennt man Einfach-Sein!

Als ich mich selbst zu lieben begann, habe ich mich geweigert, immer weiter in der Vergangenheit zu leben und mich um meine Zukunft zu sorgen. Jetzt lebe ich nur mehr in diesem Augenblick, wo alles stattfindet. So lebe ich jeden Tag und nenne es Vollkommenheit!

Als ich mich selbst zu lieben begann, da erkannte ich, dass mich mein Denken armselig und krank machen kann. Als ich jedoch meine Herzenskräfte anforderte, bekam mein Verstand einen wichtigen Partner, diese Verbindung nenne ich Herzensweisheit!

Wir brauchen uns nicht weiter vor Auseinandersetzungen, Konflikten und Problemen mit uns selbst und anderen zu fürchten, denn sogar Sterne knallen manchmal aufeinander und es entstehen neue Welten. Heute weiss ich, das ist das Leben!»

Schön, nicht wahr?

## Das Management des 21. Jahrhunderts

Lassen Sie mich den Sprung von den Erkenntnissen eines überaus erfolgreichen Menschen nach sieben Jahrzehnten intensivsten Lebens machen zu dem, was heute eine Führungskraft im beruflichen Alltag erlebt und was er für Lehren daraus ziehen kann.

Wünscht sich denn nicht jeder Vorgesetzte engagierte Mitarbeiter? Selbstverständlich! Welche Führungskraft will nicht ausschliesslich Mitarbeitende, die voller Passion sind, die leidenschaftlich gern in ihrer Arbeit aufgehen? Die ihr Glück in der Arbeit gefunden haben?

In Tat und Wahrheit habe ich hier aber einige Zweifel. Hoch engagierte, leidenschaftliche Mitarbeiter sind nämlich auch anspruchsvolle, manchmal sogar unbequeme Mitarbeiter. Leistungsorientiert, aber auch sehr frei. Sie denken nicht nur mit mir mit, sie stellen manches auch infrage. Sie äussern konstruktive, aber dennoch manchmal auch unangenehme Kritik, sie schlagen Neues vor, haben eigene Ideen und wissen diese auch zu vertreten. Und sie haben hohe Erwartungen, Erwartungen an sich selbst, aber auch an die Organisation und insbesondere an Vorgesetzte.

In meiner Praxis in der Personalentwicklung habe ich oft die Bitte von Vorgesetzten gehört, man solle doch «den Leuten keine Flausen in den Kopf setzen» und keine Erwartungen wecken, die man ja nicht erfüllen kann. Das ist der Leidenschaft nicht gerade zuträglich. Und zu oft hat man den Weggang von Talenten beklagt, die enttäuscht zur Konkurrenz zogen, weil man dort mit Entwicklungsmöglichkeiten und Perspektiven lockte, die an der bisherigen Stelle nicht geboten wurden.

Braucht das Land also neue Chefs? Solche, die mit Mitarbeitenden umgehen können, die leidenschaftlich gern arbeiten? Es wäre eigentlich ganz einfach: Es braucht die Mitarbeitenden, die fähig sind, ihre eigenen Stärken und die für den Erfolg wesentlichen Tugenden zu kennen, anzuerkennen und zielgerichtet zu kommunizieren. Und es braucht Vorgesetzte, die mit den hohen Erwartungen passionierter, engagierter Mitarbeiter umgehen können, die deren individuelle Stärken geschickt nutzen, fördern und anerkennen können. Es braucht Vorgesetzte, die wissen, dass nur der Erfolg der Mitarbeitenden zählt, dass die Summe der Erfolge von Mitarbeitenden den wesentlichsten Teil des eigenen Erfolgs ausmacht. Es geht darum, dass die neuen Chefs die Grösse haben, Mitarbeitende an sich vorbei zum Erfolg zu führen.

Zusammengefasst geht es darum, dass die neuen Chefs mit Leidenschaft ihre leidenschaftlichen Mitarbeitenden führen.

Was aber ist die Realität? Einstellungen werden meistens aufgrund fachlicher Gründe getroffen. Entlassungen erfolgen sehr oft aber aufgrund persönlicher, zwischenmenschlicher Probleme. Führungskräfte verfügen zwar über oftmals sehr grosse fachliche Kompetenzen, hingegen kennen sie sich selbst relativ schlecht, wissen kaum Bescheid über ihre Stärken, Talente und ihr Potenzial. Einige verfügen auch über eine nur sehr bescheidene sogenannte Lebenskompetenz. Deshalb sind nur jene Manager des 21. Jahrhunderts erfolgreich, die reflektieren und mit Visionen ausgestattet sind, die authentisch und voller Passion ihre Aufgabe wahrnehmen. Das bedeutet, dass sie bereit sind, sich mit sich selber auseinanderzusetzen. Übrigens: Man kann gleich damit beginnen, mehr über sich herauszufinden. Immer und immer wieder. Ich blicke Katrin an und frage:

«Nennst du mir bitte drei Eigenschaften, die dir an mir gefallen?»
«Wie kommst du denn jetzt darauf?»
«Ich war in Gedanken, da fiel mir diese Frage ein. Also: Kannst du mir drei Eigenschaften nennen, die dir an mir gefallen?»
«Jetzt oder damals, als ich mich in dich verliebte, Riet?»
«Ist das nicht das Gleiche?»
«Naja, ich bin vielleicht nicht mehr dieselbe. Aber ich kann dir einfach und direkt Antwort geben: Also, erstens mal gefällt mir deine Offenheit. Zweitens deine Authentizität. Und drittens gefällt mir deine Begeisterungsfähigkeit.»
«Und wenn du ganz lange überlegst, wenn du suchst wie verrückt, ich weiss, es ist nicht einfach – aber gibt es dann auch etwas Negatives an mir?»
Katrin muss lachen, dann sagt sie: «Oh, da muss ich nicht lange ...»
«Nur eine negative Eigenschaft, gell? Nur eine!»
«Aha. Ja, dann also dies: Wenn du voll in deiner Euphorie bist, dann bist du ganz allein auf dich fokussiert. Du redest dann nur von dir und deinem Kram.»
«Das stimmt. Aber das ist ja auch gut, Katrin: Wer fokussiert, hat Durchschlagskraft. Aber du meinst wohl, dass das anderen manchmal etwas zu viel wird, oder?»
«Ja, und dann ist da noch ...»
«Wie gesagt: Eine negative Eigenschaft reicht schon.»

## Glücksrezepte

Das Glück des Menschen in der heutigen Zeit, so hat sich das zumindest mir aufgrund der Begleitung von 1000 Führungskräften präsentiert, basiert auf den folgenden fünf Säulen:

**PROTOKOLL**

# Der Ab- und Aufbruch der Rita R.

**Rita R. ist 46 Jahre alt, als ihr die Leitung einer Abteilung mit 17 Mitarbeitenden übertragen wird. Mit viel Leidenschaft erfüllt sie ihre Aufgabe – bis sie an Weihnachten einen doppelten Tiefschlag einstecken muss.**

Das Hotel, in dem Rita R. als Leiterin Logistik arbeitete, gehörte zur Luxusklasse. Ihr Ehemann war ebenfalls in leitender Funktion als ihr Vorgesetzter im gleichen Haus tätig.

Dass Rita R. diesen Job bekam, war nicht nur ihrer umfangreichen Ausbildung im Dienstleistungsbereich zu verdanken, sondern beruhte vor allem auf ihrer starken Persönlichkeit und der angeborenen Fähigkeit, mit Menschen umzugehen und sie im Team zu integrieren. Ihr Führungsstil war liebevoll, aber konsequent. Sie war dadurch nicht nur bei den Mitarbeitern äusserst beliebt, sondern wurde auch von den Stammgästen sehr geschätzt. Für alle hatte sie ein offenes Ohr, kein Problem war ihr zu gering oder zu gross, um es nicht sofort zu lösen.

Selten waren ihre Arbeitstage kürzer als zwölf Stunden, und das an sechs Tagen in der Woche. Das Hotel war ihr Zuhause. Für ihren Ehemann hatte sie nur in den Ferien Zeit. Auch dieser war sehr engagiert. Beide hatten ihre Passion gefunden und waren von ihrer Arbeit begeistert. Sie waren dementsprechend auch erfolgreich, das oberste Hotelmanagement war mit beiden Führungskräften mehr als zufrieden.

Doch eines Abends, es war kurz vor Weihnachten, offenbarte der Ehemann Rita R., dass er sich in eine Kollegin im Hause verliebt hätte. Im gleichen Atemzug übergab er ihr die Kündigung, weil es nicht mehr möglich wäre, so seine Begründung, in dieser Konstellation zusammenzuarbeiten.

Für Rita R. brach an diesem Abend die berufliche und auch gleich die private Welt zusammen. Sie hatte sich über Massen für das Hotel und somit auch für ihren Vorgesetzten, ihren Ehemann, eingesetzt. Und das war die Quittung! Dass das Hotelmanagement sich zudem auf die Seite ihres Mannes schlug, war der traurige Höhepunkt der Katastrophe.

Als ich Anfang Januar Frau Rita R. kennenlernte, war sie am Ende ihrer Kräfte. Sie konnte nicht mehr schlafen, das Gedankenkarussell drehte sich permanent in ihrem Kopf. Ihre Schmerzen kontrollierte Rita R. mit Tabletten, sie war erschöpft, an der Grenze zum Burnout. Wie sich im Laufe der ersten Coachingsitzungen zeigte, war Rita Rs. grosses Engagement weder durch Geldgier noch durch Karrierebesessenheit motiviert. Die viele Arbeit hatte Sie sich bewusst und unbewusst aufgeladen, um sich von ihren eigenen Themen aus der Kindheit und den verdeckten Problemen in ihrer Ehe abzulenken. Sie wollte schlicht nicht zu viel Zeit mit sich allein verbringen müssen.

Gemeinsam gelang es uns in sieben Monaten, ihre alten Muster aus der Kindheit aufzulösen, Rita mit einigen Themen aus der Vergangenheit zu versöhnen und so ihre ursprüngliche Lebensfreude wieder zu wecken. Sie fand einen neuen Einstieg in der Reisebranche, vermittelt heute ausgesuchte und individuell zusammengestellte Privatreisen im obersten Preissegment. Ihre Erfahrungen aus dem Hotelfach ermöglichen ihr, sich noch besser in die spezielle Kundschaft einzufühlen und deren Bedürfnisse zu erspüren. Auch ihr Flair für den Verkauf und ihre inzwischen geschulte, aktive Kommunikationsstrategie helfen, ihre berufliche Entwicklung weiter voranzutreiben.

Sie hat in ihrem Leben etwas verändert. Ihre Freizeit, die sie sich jetzt regelmässig gönnt und aus vollem Herzen geniesst, verbringt sie am liebsten in den Bergen beim Wandern und Skifahren. Auch bei ihrem neuen Hobby, dem Golfen, kommt sie gut voran. Mittlerweile ist Rita R. für die unglaublich harte, aber dadurch enorm lehrreiche Erfahrung dankbar.

- Auf harmonischen, lebendigen Beziehungen
- Auf Gesundheit und Vitalität
- Auf beruflichem Erfolg
- Auf sozialem Engagement
- Auf finanzieller Sicherheit

Unsere westliche Gesellschaft bietet uns die Möglichkeit, unser Glück zu suchen. Es gibt keine Ausreden. Wenn wir uns dort einordnen, wo wir wirklich hingehören, wenn wir uns anstrengen, wenn wir Vernunft über Übermut stellen, dann liegt es nur an uns. Dieses Wissen um die eigene Persönlichkeit wird nicht an einer Schule gelehrt. Wir müssen die Grundsätze für ein erfolgreiches, glückliches und erfülltes Leben selber erkennen. Und es gibt keinen Grund, weshalb wir das nicht tun sollten.

Zudem müssen wir uns im Klaren sein: Ich als Mensch kann es nicht allein schaffen – doch nur ich *allein* kann es schaffen. Auf dem Weg zum Glück ist es zwingend, Eigenverantwortung wahrzunehmen. Und das ist möglich, wenn die nötige Leidenschaft vorhanden ist. Leidenschaft bedeutet starke Liebe, die man für jemanden oder für etwas empfindet.

Wer seine Passion findet, findet sein Glück. Wer seine Passion findet, kann geben. Und im Geben liegt viel mehr Glück als im Nehmen, glauben Sie mir.

Denken Sie in der Währung Liebe und nicht in der Währung Geld. Oder anders gesagt: Dienen kommt vor verdienen. Und wenn Ihnen Geld nicht egal ist: Machen Sie sich keine Sorgen, denn wer gut dient, der verdient auch gut. Zum Glück gehört aber ebenso, dass Sie Ihre Bedürfnisse reduzieren. Dass Sie loslassen, was Sie belastet, und wenn es Besitz ist, dass Sie den Augenblick leben, dass Sie das Glück in sich und nicht im Aussen suchen. Und im Übrigen: Beten Sie ruhig mal, oder meditieren Sie.

Legen Sie sich ein schönes Buch mit vielen leeren Seiten bereit. Dazu einen Kugelschreiber oder Füllfederhalter, mit dem es sich gut schreiben lässt. Nennen Sie das Ganze Ihr Zufriedenheitsjournal. Notieren Sie jeden Abend, was Sie an diesem Tag glücklich gemacht hat. Führen Sie zudem eine Dankbarkeitsliste. Blättern Sie immer wieder mal in Ihrem Glückstagebuch. Und wenn Sie mal nichts zu notieren haben: Überlegen Sie sich, wie Sie sich für die Gemeinschaft engagieren können. Sie werden sehen: Der Stoff wird Ihnen nicht ausgehen!

## Mein jüngstes Scheitern

Das Glück des Scheiterns ist das Thema dieses Buches. Ich mache mir keine Illusionen, dass das mit dem Scheitern irgendwann im Leben erledigt ist. Nein. Das Leben wartet immer wieder mit Überraschungen auf. Und manchmal sind es keine Überraschungen, sondern Ereignisse, von denen man ganz genau weiss, dass sie auf einen zukommen.

Etwa die Pensionierung.

Der Abschied von einem Leben, das man während 45 oder 50 Jahren kennengelernt hat.

Auch das ist eine Art Outplacement. Und in diesem Fall war ich mein eigener Kandidat. Und wie es so ist: Was man bei anderen so gut hinkriegt, kann bei einem selber manchmal ganz schön harzig sein.

Bei mir kam hinzu: Keiner meiner beiden Söhne wollte in meine Fussstapfen treten. Keiner wollte das Unternehmen, das ich so erfolgreich aufgebaut hatte und das ich mit so viel Passion betrieb, weiterführen. Ich merkte, dass ich damit mehr Mühe hatte, als ich mir zunächst eingestehen wollte. Ich reagierte sogar körperlich mit den Rheumaschüben, die mich jahrzehntelang in Ruhe gelassen hatten.

Irgendwann realisierte ich, dass ich mich tatsächlich in einer Krise befand. Ich musste mich davon lösen, dass die Firma in der Familie blieb. Ich musste gleichzeitig dafür sorgen, dass die Arbeitsplätze nicht verloren gehen würden. Es war ein längeres Hin und Her, bis ich eine Lösung fand, die mir stimmig schien. Ich konnte die Firma an drei meiner Mitarbeiter weitergeben. Rational betrachtet bin ich sicher, das Beste zu tun. Emotional war es, als ob ich ein Kind loslassen müsste.

Ich hatte so viele Menschen begleitet bei ihrem Veränderungsprozess. Und es hat mich überglücklich gemacht, echte Hilfe leisten zu können. Bei entlassenen Personen geht es darum, sie anzuleiten, dass sie sich freimachen und etwas Neues, Stimmiges finden, das getragen ist von Begeisterung, Identifikation, Spass und Sinn. Das Problem vieler Leute ist jedoch, dass sie keinerlei Begeisterung in der Arbeit erleben. Ich hingegen war begeistert, glücklich und zufrieden, wenn ich das wahre Potenzial von Leuten entdecken konnte.

---

Beherzigen Sie das:

**Auf dem Sterbebett erinnert man sich nicht an Karriere und Geld, sondern an Liebe, Vertrauen und Freundschaft.**

Ich fragte mich, wie ich denn begeistert sein könnte von der Zukunft, in der ich von ebendiesem Glück getrennt sein würde. Ich fragte mich, ob ich Fehler gemacht hatte, dass die Söhne die Firma nicht übernehmen wollten. Und ich fragte mich, warum ich mich nicht über Nacht selber ins Glück begleiten konnte und darin ganz offensichtlich auch nicht diese Befriedigung empfand, die ich bei anderen empfand.

## Wer fragt ...

Der Helikopter startet mit den nächsten Gästen zum Rundflug. Ich sehe dem Flugapparat nach, wie er Richtung Pontresina schwebt. Katrin legt ihre Hand auf die meine und schaut mich an. Sie ist in Aufbruchstimmung. Wir sind schliesslich im wunderbarsten Flecken Land, es warten Wanderwege und Mountainbike-Strecken, wundervolle Wälder und lauschige Seen. Ich blicke sie an und frage sie:

«Hat es dich eigentlich überrascht, dass ich unser Unternehmen verkauft habe?»
«Überrascht? Sehr! Es hat uns alle sehr überrascht, dass du aufhören konntest, Riet.»
«Warum eigentlich?»
«Warum? Weil wir alle geglaubt haben, dass du niemals mit der Arbeit aufhören könntest. Weil wir alle glaubten, du würdest dein Glück allein in der Arbeit finden. Aber wir haben uns getäuscht. Du hast entdeckt, dass es auch anderes Glück gibt.»
«Ja. Ein neues Glück ist zum Beispiel die zusätzliche Zeit mit dir, Katrin, die nun möglich ist.»
«Das ist aber schön, dass du das sagst.»
«Ja, ich kann noch viel mehr schöne Dinge sagen.»
«Ich höre, Riet.»
«Du hast extrem gut für unsere Familie geschaut. Durch dich konnte ich Erfolg haben, weil du mich immer unterstützt hast. Du hast auch im Unternehmen so viel Seele eingebracht, alle in der Firma haben dich sehr gemocht.»
«Danke, das ist Balsam, Riet. »
«Wenn man fragt, kriegt man eben Antworten. Du fragst selten.»
«Du weisst, ich bin bescheiden.»
«Und du weisst, Katrin, ich bin es nicht. Darf ich fragen, was du so von mir noch gelernt hast?»
Sie muss lachen, dann sagt sie: «Du bist unmöglich!»

«Wer fragt ...»

«Ja, schon gut, Du willst jetzt von mir auch etwas Nettes hören, nicht wahr? Das kann ich dir auch sagen: Von dir habe ich Zufriedenheit gelernt. Du hast nur ganz selten schlechte Laune. Das bewundere ich.»

«Danke.»

«Und ich? Jetzt frage ich dich, Riet, du hast gesagt, ich solle fragen: Was hast du von mir gelernt?»

«Von dir habe ich viel gelernt. Wahrscheinlich habe ich das viel zu selten gesagt. Ich habe Natürlichkeit von dir gelernt. Nichts an dir ist künstlich. Du bist, wie du bist. Du hast mir immer wieder neue Welten eröffnet, jetzt zuletzt jene der Kunst. Vielen lieben Dank, Katrin!»

### Krisenmanagement zum Letzten

Die Firma hatte ich also in neue und gute Hände übergeben. Und ich wusste: Riet, jetzt bist du pensioniert. Ich holte ein Papier aus der Schublade und las, was ich vor vielen Jahren niedergeschrieben hatte:

Die 6 Strategien für Krisenmanagement:
- Was will mir die Krise sagen?
- Was wäre das Schlimmste, was mir passieren kann?
- Lerne zu vergeben und verzeihen!
- Denke positiv!
- Setze Dir neue Ziele!
- Gib niemals auf!

Schritte zum Erfolg 24:

**Dienen kommt vor verdienen!**

Für andere ist die Pensionierung keine Krise. Andere freuen sich darauf. Ich musste mich zuerst sehr intensiv damit auseinandersetzen. Ich habe reflektiert, neun Ideen für eine Vision entwickelt, drei davon ausgewählt: ein Buch schreiben, Bilder malen und Top-Retraiten für Manager im Engadin anbieten.

Zuallererst aber habe ich einfach mal drei Monate Ferien gemacht. Ich bin jeden Tag bei schönstem Sonnenschein Skifahren gegangen. Ich machte sofort neue, spannende Erfahrungen: Erstmals im Leben trug ich keine Verantwortung, hatte Zeit in Hülle und Fülle für mich selbst. Das war wundervoll. Aber eben: Machen macht glücklich, also machte ich mich an die Arbeit für dieses Buch. Das hat zwar Mut gebraucht, aber wie Sie ja wissen: Unser Dasein ist kurz. Man muss die Dinge deshalb sofort angehen. Mutig, fokussiert und motiviert.

## Die grösste Kraft im Universum

Ich schulde Ihnen noch den Schluss des Märchens, das am Anfang dieses Kapitels steht. Wissen Sie noch? Weder auf den Bergen, noch in den Tiefen des Meeres liess sich ein sicheres Versteck für die grösste Kraft im Universum finden, stellten die Götter fest.

Schliesslich aber sagte der weiseste aller Götter: «Ich weiss, was zu tun ist. Lasst uns die grösste Kraft des Universums im Menschen selbst verstecken. Er wird niemals dort danach suchen, bevor er reif genug ist, den Weg nach innen zu gehen.» Und so versteckten die Götter die grösste Kraft des Universums im Menschen selbst.

Ich freue mich, wenn ich Ihnen mit meinem Buch und dem darin beschriebenen sechsstufigen Prozess Mut machen kann, sich auf die Suche nach Ihrer eigenen wahren Kraft zu machen. Für Ihren eigenen Weg wünsche ich Ihnen Glück und Erfüllung – und falls Sie zwischendurch scheitern: Nun, dann wissen Sie ja jetzt, was Sie tun können.

Tun Sie es einfach.

«Es ist eine bewusste Entscheidung, glücklich sein zu wollen.»

ÜBUNG

# Das erarbeitete Glück ...

## Sind Sie bereit für die persönlichen Top Ten Ihres Scheiterns?

Sie sind bestimmt, wie wir anderen alle auch, schon einige Male hingefallen.
Nach der Lektüre dieses Buches wissen Sie, dass Sie dankbar sein sollten für all jene Herausforderungen, die uns zwingen, zu wachsen.
Nach der Lektüre dieses Buches haben Sie nun vielleicht auch ein anderes Verhältnis zu Ihren (vermeintlichen) Niederlagen gewonnen.
Grund genug, unser Scheitern von der positiven Seite her anzugehen und zu analysieren.

Nehmen Sie sich ein Blatt Papier und beginnen Sie zu notieren, wann, wo und warum Sie in Ihrem Leben gescheitert sind. Beruflich und privat.

**Beantworten Sie folgende Fragen:**

1. Wo stand ich vor dem Scheitern (alten Standort beschreiben)?
2. In welchem Punkt bin ich gescheitert (Sachverhalt schildern)?
3. Warum bin ich gescheitert (Gründe anführen)?
4. Wie ging es mir, als ich am Boden zerstört war (Stimmungslage beschreiben)?
5. Wie begann ich, mich wieder aufzurappeln (erste Motivationsspritzen)?
6. Wann sah ich erstmals Licht am Horizont (Massnahmen, mit dem Scheitern umzugehen)?
7. Wann stand ich wieder fest auf beiden Beinen im Leben (Zeitpunkt, als das Scheitern zurückgedrängt war)?
8. Wo stehe ich heute (neuen Standort beschreiben)?

Wenn Sie die acht Fragen beantwortet haben, vervollständigen Sie den folgenden Satz:

## Das Glück in meinem Scheitern war, dass ..., denn heute bin ich ...

Wiederholen Sie diese Analyse nach Belieben mit anderen Ereignissen in Ihrem Leben.
Sie werden feststellen: Glück kann man sich erarbeiten ...

## Literaturverzeichnis

- Aeschbacher, Felix und Tepperwein, Kurt, *Auf der Suche nach Liebe. Wahre Liebe finden und erhalten,* München 1992.
- Bambeck, Joern J., *Persönlichkeitsanalyse. Die neue Generation von Persönlichkeitselementen,* München 1997.
- Bauer, Joachim, *Prinzip Menschlichkeit. Warum wir von Natur aus kooperieren,* Hamburg 2006.
- Baumgartner, Peter, *Lebensunternehmer/in. Sichere Arbeitsplätze gehören der Vergangenheit an: Wie werde ich zur Lebensunternehmerin, zum Lebensunternehmer?,* Bülach 1997.
- Berndt, John C., *Die stärkste Marke sind Sie selbst. Schärfen Sie Ihr Profil mit Human Branding,* München 2009.
- Betschart, Martin, *Unabhängigkeitserklärung. Warum mir niemand mehr vorschreibt, was ich sage, denke und tue,* München 2013.
- Boskugel, Andreas, *Denke! Anders. Das wohl wertvollste Buch der Welt,* 4. Auflage, Berlin 2013
- Brantschen, Niklaus, *Vom Vorteil gut zu sein. Mehr Tugend, weniger Moral,* München 2005.
- Bühler, Franz X., *Vom Kopf ins Herz. Erkenntnisse, Tipps, Ideen, Rezepte und Gesetze des Erfolgs,* 14. Auflage, Adligenswil 2008.
- Carnegie, Dale, *Sorge dich nicht, lebe,* 38. Auflage, Bern 1984.
- Collins, Jim, *Der Weg zu den Besten. Die sieben Management-Prinzipien für dauerhaften Unternehmenserfolg,* 6. Auflage, München 2006.
- Covey, Stephen R. und Colosimo, Jennifer, *Vom Beruf zur Berufung. Wie Sie einen tollen Job und persönliche Erfüllung finden,* Offenbach 2009.
- Eisenhauer, Gregor, *Die 10 wichtigsten Fragen des Lebens in aller Kürze beantwortet,* Köln 2014.
- Frankl, Viktor, *Gefangene unserer Gedanken. Viktor Frankls 7 Prinzipien, die Leben und Arbeit Sinn geben,* Wien 2005.
- Grassl, Johannes, *Lebe Deinen Traum. Ausstieg aus dem Hamsterrad,* Moers 2014.
- Hanh, Thich Nhat, *Mit dem Herzen verstehen,* 8. Auflage, Berlin 2003.
- Harris, Thomas, *Ich bin ok, Du bist ok. Wie man über seinen Schatten springen lernt,* 4. Auflage, Zürich 1988.
- Hill, Napoleon, *Denke nach und werde reich. Die Erfolgsgesetze und ihre Nutzanwendung,* 18. Auflage, München 1990.
- Höller, Jürgen, *Sprenge Deine Grenzen. Mit Motivationstraining zum Erfolg,* 3. Auflage, Berlin 1999.
- Hüther, Gerald, *Was wir sind und was wir sein könnten. Ein neurobiologischer Mutmacher,* 5. Auflage, Frankfurt a. M. 2011.
- Izzo, John, *Die fünf Geheimnisse, die Sie entdecken sollten, bevor Sie sterben,* München 2008.

- Langenscheidt, Florian, *Handbuch zum Glück,* 2. Auflage, München 2012.
- Lauterbach, Ute, *Werden Sie Ihr eigener Glückspilot. Ganz und anders leben,* München 2006.
- Morgenthaler, Mathias, *Beruf und Berufung,* Bern 2010.
- Peale, Norman Vincent, *Die Kraft positiven Denkens,* Zürich 1988.
- Polenski, Hinnerk, *Hör auf zu denken – sei einfach glücklich,* München 2014.
- Rabeder, Karl, *Das Leben macht Geschenke, die es als Probleme verpackt,* 5. Auflage, München 2014.
- Seiwert, Lothar, *Balance your Life. Die Kunst, sich selbst zu führen,* 3. Auflage, München 2005.
- Sprenger, Reinhard, *Die Entscheidung liegt bei Dir. Wege aus der alltäglichen Unzufriedenheit,* Frankfurt a. M. 2004.
- Steiger, Ernst, *Auf dem Weg zu sich selbst. 52 Wochenmeditationen,* 3. Auflage, Oberwil b. Zug 1986.
- Steiner, Verena, *Energiekompetenz. Produktiver werden, wirkungsvoller arbeiten, entspannter leben. Eine Anleitung für Vielbeschäftigte, für Kopfarbeit und Management,* 7. Auflage, München 2009.
- Tepperwein, Kurt, *Erfinde Dich neu! 12 Chancen zum privaten und beruflichen Neubeginn,* München 2002.
- Tepperwein, Kurt, *Krise als Chance. Wie man Krisen löst und zukünftig vermeidet,* 2. Auflage, München 1996.
- Tolle, Eckhart, *Jetzt! Die Kraft der Gegenwart. Ein Leitfaden zum spirituellen Erwachen,* 6. Auflage, Bielefeld 2013.
- Uehlinger, Kurt und Allmen, Werner von, *Personal Excellence. Die Kunst erfolgreicher Lebensgestaltung,* Kilchberg 2008.
- Young, Lailan, *Was Gesichter verraten. Chinesische Physiognomik,* Frankfurt a. M. 1983.
- Zehnhäusern, Martin, *Chef aus Passion. Als Mensch und Führungskraft Spitze werden,* Zürich 2008.

## Bildnachweis

- Marco Cadonau, S-chanf: Titelbild, Seiten 6/7, 14/15, 42/43, 64/65, 84/85, 108/109, 132/133, 166/167
- Steven Schneider, Bad Zurzach: Seiten 10, 16, 18, 26, 35, 38, 44, 46, 48, 53, 54, 56, 58, 60, 66, 68, 71, 75, 78, 80, 87, 92, 95, 98, 101, 102, 111, 112, 118, 122, 125, 126, 128, 135, 136, 139, 142, 146, 151, 160

## Dank

«Glück ist nicht, alles zu haben, sondern alles zu schätzen.»

Mehrere Menschen haben mich beim Schreiben dieses Buches unterstützt. Ihnen möchte ich an dieser Stelle für ihre Hilfe danken.

Die Idee, ein Buch zu schreiben, ist anlässlich der letzten GRASS-Arena im Juni 2013 auf Anraten des Moderators Urs Leuthard, Chef Tagesschau des SRF, entstanden. Er hat mich dazu ermuntert, meine Erfahrungen im Umgang mit Menschen für ein breiteres Publikum niederzuschreiben. Ich danke Urs Leuthard, dass er mich motiviert hat, dieses Buch zu schreiben.

Ein Dank geht auch an meinen langjährigen Freund Dr. Werner Troxler, der mich in die Geheimnisse des Buchschreibens einführte und massgeblich an der Titelsuche beteiligt war.

Ein besonderer Dank geht an Steven Schneider, meinen Ghostwriter und Redaktor. Er ist eine ganz grosse Persönlichkeit und hat mich auf den Touren im Engadin begleitet. Die ausführlichen Gespräche auf unseren langen Wanderungen und seine Gabe, Analytisches mit Kreativem zu verbinden, haben dieses Werk so spannend und individuell gemacht.

Durch die kreative Unterstützung von CreaOcchio, der Agentur für visuelle Kommunikation, im Besonderen durch Markus Frei, ist die Gestaltung des Buches nicht nur besonders gut gelungen, nein, das Buch hat dadurch an Wert gewonnen. Danke, Markus, für deinen wichtigen Beitrag.

Sehr viel Freude hat mir die Zusammenarbeit mit dem Fotografen Marco Cadonau gemacht. Seine Bilder gefallen mir ausgezeichnet, und die Shootings waren angenehm, professionell und sehr unterhaltsam. Herzlichen Dank!

Ein ganz grosses «Grazcha fich» geht natürlich auch an Gian Gilli für sein Vorwort.

Meiner Frau Katrin gebührt ebenfalls ein grosser Dank. Ihr bin ich in Liebe verbunden. Sie hat mit ihrem Einfühlungsvermögen verstanden, einige Passagen zu entschärfen und so zu anonymisieren, dass die Persönlichkeitsrechte der im Buch erwähnten Personen nicht verletzt werden. Zudem hat sie immer grosses Verständnis gehabt, wenn ich während langer Tage am Buch arbeitete.

Erwähnen möchte ich, dass die Zusammenarbeit mit dem NZZ-Verlag, insbesondere die kompetente Beratung und Unterstützung von Hans-Peter Thür, Verlagsleiter, viel zum Gelingen dieses Werkes beigetragen hat.

Danken möchte ich auch allen Menschen, die wir auf unseren Touren getroffen haben und die sich Zeit genommen haben, uns von ihrem Leben zu erzählen. Gerne hätte ich ihre ganzen Geschichten im Buch niedergeschrieben, aber das hätte den Rahmen gesprengt. Viele dieser Menschen sind zu Freunden geworden. Und das meine ich so.

Denn Freundschaft ist etwas vom Allerwichtigsten im Leben. Es würde mich freuen, wenn auch meine Lebensspur diese Welt ein wenig heller, wärmer und menschlicher gemacht hat. Ich möchte, dass die Menschen sich an jemanden erinnern, der die Menschen geliebt hat, der sich für sie eingesetzt und sie ermutigt hat, ihr eigenes Leben zu leben und Sinn darin zu finden.

Ganz zum Schluss möchte ich mich bei Ihnen, liebe Leserin, lieber Leser, bedanken, dass Sie mein Buch gelesen haben. Wenn Sie erlauben, wiederhole ich gerne noch einmal einen Rat an Sie, der mir wichtig ist: Seien Sie authentisch und ehrlich. Vermeiden Sie Fremdbestimmtheit, schauen Sie in den Spiegel und begegnen Sie jemandem, der zu seinem Tun steht, der für sein Leben Verantwortung übernimmt und für andere da ist. Es ist mir ein Anliegen, dass die Menschen ihre Einzigartigkeit in sich entdecken und erkennen: Mein Leben ist wichtig.

Pontresina, im Februar 2016